# 不争辩的智慧

〔日〕田村耕太郎 著

胡南夫 译

**BUZHENGBIAN DE ZHIHUI**

北京大学出版社
PEKING UNIVERSITY PRESS

著作权合同登记号　图字:01-2015-6661
图书在版编目(CIP)数据

不争辩的智慧/(日)田村耕太郎著;胡南夫译.—北京:北京大学出版社,2017.6
ISBN 978-7-301-28354-7

Ⅰ.①不… Ⅱ.①田… ②胡… Ⅲ.①心理交往—通俗读物 Ⅳ.①C912.11-49

中国版本图书馆 CIP 数据核字(2017)第 116230 号

ATAMANIKITEMO AHOTOWA TATAKAWUNA
Copyright © 2014 Kotaro Tamura
All rights reserved
Original Japanese edition Published by Asahi Shimbun Publications Inc.，Tokyo.
Chinese translation rights in simplified characters arranged with
Asahi Shimbun Publications Inc.，Tokyo.
through Japan UNI Agency，Inc.，Tokyo

| | |
|---|---|
| 书　　　名 | 不争辩的智慧<br>Bu Zhengbian de Zhihui |
| 著作责任者 | 〔日〕田村耕太郎　著　胡南夫　译 |
| 责 任 编 辑 | 魏冬峰 |
| 标 准 书 号 | ISBN 978-7-301-28354-7 |
| 出 版 发 行 | 北京大学出版社 |
| 地　　　址 | 北京市海淀区成府路 205 号　100871 |
| 网　　　址 | http://www.pup.cn |
| 电 子 信 箱 | weidf02@sina.com |
| 新 浪 微 博 | @北京大学出版社 |
| 电　　　话 | 邮购部 62752015　发行部 62750672　编辑部 62750673 |
| 印 刷 者 | 北京大学印刷厂 |
| 经 销 者 | 新华书店 |
| | 880 毫米×1230 毫米　A5　6 印张　88 千字<br>2017 年 6 月第 1 版　2018 年 6 月第 2 次印刷 |
| 定　　　价 | 36.00 元 |

未经许可，不得以任何方式复制或抄袭本书之部分或全部内容。
**版权所有，侵权必究**
举报电话:010-62752024　电子信箱:fd@pup.pku.edu.cn
图书如有印装质量问题，请与出版部联系，电话:010-62756370

扪心自问，
你是否因愤怒或苦恼而虚度光阴？
是否过于在乎旁人的目光？
是否在真正该做的事情上倾尽全力？

# 序　言

我想通过这本书传递的信息与经营策略相似,即"切忌浪费有限的资源"。

无论时间、精力还是时机,在仅此一次的人生当中都是有限的财产。要想尽情歌颂人生,这些资源都是必不可少的。希望大家不要把这些宝贵的资源用在"跟小人较劲"这种负面的事情上。天真(naive,孩子气的意思)、纯粹、直率的人往往会跟小人发生冲突并为之神伤。对此,我的建议是不要在得不到积极结果的行为上浪费时间和精力,而是要用有限的时间和精力来让自己的人生发光发热。

在此意义上,这本书是一本"反战的书"。我认为世间最佳的反战著作就是《孙子兵法》。2500年后的今天,本书就是现代社会版的《孙子兵法》。《孙子兵法》中最著名的一节就是"百战百胜,非善之善者也。不战而屈人之兵,善之善者也(即使百战百胜,也并非最佳的战斗方法。不战斗就能使敌人屈服才是最好的方法)"。本书将进一步升华孙子的这一观点,阐释如何"不仅不战斗就让敌人屈服,而且还要用这种力量来实现自己的目的"。

时至今日,全世界的经营管理者仍然爱读《孙子兵法》就是因为它传达的"切忌浪费有限的资源"这一信息与经营策略十分契合。

说起"小人",大家多少都有自己的想法。总而言之,就是那种胡搅蛮缠拖你后腿的人。你在会议上发言,他们会莫名其妙地专找你的茬;尽管在同一团队,他们却对你抱有明显的敌意,一副绝不合作的嘴脸;明明你的意见才是正确的,但他们卖弄权力企图击溃你的观点……

当你遇到这些情况,是否会因为咽不下这口气而无法专心工作?

是否耿耿于怀他们为什么偏偏针对自己?

是否怒不可遏以至于下班回家后仍然灭不掉心中那股怒火?

不过,我由衷希望大家不要有"我要报复"的念头,尽管自己也知道那是不对的。

实际上报复是最危险的想法。

2013年风靡一时的流行语"加倍偿还"以及松坂大辅成为职业选手之后流行起来的"报仇（revenge）"都受到了全国人民的追捧。日本不愧是有着复仇文化的国家。我也是个不折不扣的日本人，所以也会对这些词产生共鸣。

但与此同时，我也意识到"接受了这些词语的日本很危险"。生气、愤怒，甚至报复，这些都是无谓的、消极的行为。这些行为会让自己纠结于已经结束的事情而陷入恶性循环。

无法饶恕小人的那种责任感与正义感从某种意义上来说是好的，但也可以说过于天真。

正义感与责任感的背后，隐藏着贯穿于日本电视节目以及教育深处的惩恶扬善这样一种天真的观念，存在着"最后水户黄门①、大冈越前②会前来相助。会有人来收拾

---

① 水户黄门是水户光国的别称，"黄门"是水户光国的官职。电视剧《水户黄门》中隐居的黄门水户光国带着自己的下属，为纠正各藩地政策陋习而周游列国。如果遇到行为恶劣的官员，他就会以自己的徘号"水隐梅里"投书对方校正其恶习。——译者注

② 大冈越前是江户中期的幕臣，以审判公正而闻名。——译者注

坏人"这样一种信仰。但遗憾的是,惩恶扬善等行为实属罕见。无所谓好与坏,这就是人生,这就是现实世界。

越是小人越能得志。看来真理与善恶不能划等号。至少据我所知,成功人士追求的不是善恶而是真理。追求理想人生,能判别善恶是好事,但不能拘泥于善恶,进一步说就是不能拘泥于惩恶扬善。你应该追求的是"真理",而不能对人生抱有惩恶扬善的期待,这就是真理之一。

你会选择沉湎于令人懊恼的过去而牺牲掉自己的未来,还是选择为了成功而专注于真理?不要让过去成为绊脚石,过去的就让它过去,这样伤痕会更浅。然而,人们往往会为了洗刷不甘心的情绪而变本加厉地对过去的事情投入时间和精力。

非常遗憾,在日本这样一个充满嫉妒的社会,小人更容易得志。因为在日本社会,有能力有品格的人很可能遭受到众多小人的阻碍和暗算而无法得志。而且小人会顺理成章地为同类捧场。这样的事例我已在政界和商界看过太多太多。

由此可见,掌权者中小人不在少数。也就是说,小人是棘手的敌人。如果多了这样的敌人,其代价就不是调整调整心态那么简单的事了。人生仅此一次,不要把宝贵的时间浪费在小人身上。

在日本社会,应冷静而为之的议论无法成立,议论容易被理解为对个人的人身攻击。因此,有的情况下损失的还不仅是时间和精力。成功人士不会进行无谓的争斗。他们会选择应该争斗的时机与对象。可以说他们的成功正是因为他们彻底明白了跟小人较劲毫无意义。

你要意识到应该较劲的对象其实是因人际关系而"苦恼不已""愤怒的自己"。为防止劳损心智,第一要点就是要更关注自己。

说到底,日本人对旁人的关心过了度。有时候你甚至会觉得自己活在一个相互监视的社会中。一个人如果一味地关注别人,就会失去自省的时间。

从现在起,你要思考自己究竟想做什么,为此需要准备什么,专注于此对自己会更有利。如果理解了这一点,你就会明白根本没有闲工夫去在意旁人。

只想着"跟小人较劲"此等蠢事的自己才是应该较劲的对象。正因为我自己犯过傻,浪费过大量时间和精力去跟小人较劲,我才敢如此断言。

选择不跟小人较劲的人生之路,你才能活出真我,才能更加靠近自己的目标。要想让自己宝贵的人生熠熠生辉,就不能跟小人一般见识。那些人完全可以置之不理。如果跟蠢货进行无谓的争斗,你就成了不珍惜自己人生的愚昧之人。

让我们摒弃无谓的争端,一起踏上歌颂人生的旅程吧!

# 目　录

## 第 1 章　与小人争，实属浪费人生/1

因明争暗斗而浪费了人生的自己/1

容易陷入无谓争斗的人有何特征/4

　　正义感强/5

　　充满自信/7

　　有责任感/8

　　自尊心强/10

　　爱管闲事/10

如何舍弃麻烦且无谓的自尊心/12

　　前途"一片黑暗"的人有何特征/12

　　冷静下来，用慧眼识"真我"/14

勿念往事,否则伤口更深/16

    运用沉没成本来做了断/16

    考虑时间成本/17

## 第2章　胆小之人应如何有策略地与人沟通/19

胆小蟋蟀的强大/19

越是讨厌的人越要装作低他一等/21

实际利益高于面子/24

不要以为"狂妄自大就是精力旺盛的表现"/25

忍耐忍耐再忍耐,忍耐到底就是胜利/27

如何浇灭燃烧的怒火/30

    首先探明对方的动机/30

    切忌瞬间做出反应/31

怒不可遏时要学会灵魂出窍/34

工作中不需要假想敌/36

越是尴尬之时越要厚着脸皮去搭话/37

只纠缠对你有帮助的人/40

尽管如此也要和小人大战一回!/43

## 第 3 章　让各路强者成为伙伴的"骗人"之术/46

人生中最重要的能力/46

　哪些人才是真正聪明的人？/46

　精英也会受挫的原因/49

一点小技巧助你看透他人心思/51

如何让他人的行动如你所愿/55

　情胜于理/55

　尊重每一个人/57

为何越谦逊的人越有能力？/59

即使不苦恼也要假装很苦恼/62

淡然处世之人才能笑到最后/66

　得志淡然，失意泰然/66

　"男人的嫉妒"是最大劲敌/68

两年来销售业绩为零的我能做到全公司第一的原因/70

　业绩即人格/70

　只为自己着想则会得不偿失/74

时刻保持乐观/76

　胸怀大志才有前进动力/76

　备受信赖的根源/78

学会用"嘲讽的眼光"看待事物/80

## 第4章 权力与评价的紧密关系/84

上司为何不关注你？/84

职场上受好评与不受好评的人/88

 为什么得志的总是别人？/88

 在高尔夫球场上和KTV里做一个讨喜的人/90

如何正确对待不得已的人事变动/92

 控制期望值的技巧/92

 意志消沉是对人生最大的浪费/95

如何让流于形式的会议变得有意义/96

 不见成效的国会/96

 避免参加会议的技巧/100

不擅长吵架的日本人/104

 为什么在日本连亚马逊书评都要匿名？/104

 前定和谐构筑的社会/105

日本企业喜欢搞权力斗争？/107

 做生意离不开政治权力/107

 推崇"调节型"人才的组织里常有的现象/109

倚仗权力是卑劣的做法吗/111

 做不羁之人轻松但无益/111

 利用"组织的力量"来实现自己的目的/112

成为掌权者的条件/114

    如果卷入权力斗争/114

    时刻把握形势/117

如何让喝酒聚会有意义/118

写给在恼人职场中苦不堪言的你/121

## 第5章 走自己的路让别人说去吧/124

人生应由自己主宰/124

    你是否活得很不自在？/124

    行将就木之际的憾事/126

想要成为受欢迎的人/128

不要盲目竞争，凡事为己所用/130

说服难以对付之人的技巧/133

    从争取小的同意开始积累/133

    迅速改善关系的方法/137

演讲打动人心之处不在于技术而在于"诚意"/139

自然又显自信的西服着装技巧/142

严重受挫时如何找回自信/143

切忌仇恨他人/145

## 第6章　跟自己较劲,别跟小人一般见识！/148

把花在网络上的空闲时间用来直面自我/148

成功人士为何不用 SNS/148

为自己呐喊助威/150

你需要一个周围都是能干之人的环境！/152

对自己的人生满意才是硬道理/155

如何应对充满风险的人生？/159

做好准备,对未来要有信心/159

视危机为机遇/160

为了充分利用有限的人生我所做的事/163

半途而逝的友人们/163

重视身体调节/165

能让人生丰富多彩的习惯/167

你的"目的"何在？/168

## 结　语/173

# 第1章　与小人争，实属浪费人生

## 因明争暗斗而浪费了人生的自己

本书所讲的小人到底是什么样的形象呢？简而言之就是那些完全没有必要去理会、去与之较劲、去为之烦恼的人。这些人荒谬、碍眼，有时还会无理取闹拖人后腿。他们故意跟你胡搅蛮缠，目的是为了提升自己的价值与存在感。

这些花招百出的小人最大的特点就是闲。除此之外你还必须知道的另一个特点就是他们对你颇有兴趣。他们对你纠缠不休，其实是因为对你有兴趣，希望你能多理睬他们。换言之,他们是因为希望得到你的关注才对你蛮不讲理。

表面上或许无从察觉,但他们内心深处很可能是喜欢你的。当然也有人是发自内心地讨厌你,不过潜意识里不管是喜欢还是讨厌,最终都表现为对你有强烈的兴趣。你不会认可你认为是小人的人有实力,然而这些人可能会对你的未来造成影响。也正因如此,你才会去在乎他们。本书所讲的小人就是这样的人。

对待这样的人,或许你已经表现出了"我不喜欢你"的情绪。对方就会想,他明明对你非常有兴趣,而且内心深处说不定还很喜欢你,而你却如此对他。他对你的喜欢就会变成怨恨。于是,战火就此点燃。

我在企业工作的时候以及后来进入政界,身边都有过这样的人。由于自己涉世未深,大多数情况下我都跟这些人发生了争执。

政界存在一些极不合理的地方。政客的优秀程度无法用数字来公平公正地评判,人事、发言权等的判定标准也非常模糊。

或许很多普通百姓也会对内阁人员的构成或是在电

视上讲话的政客心存疑虑，不明白为什么会是这个人。真正进入政党、政府部门工作后我发现，靠耍花招得到地位与权力的前辈和同事不在少数。

30多岁从民间进入政界的我就是一个乳臭未干的小毛孩儿，当时的我完全做不到去包容他们，达不到"宰相肚里能撑船"的境界。有时甚至对他们的行为厌恶得度日如年、夜夜难寐。我一直认为政治家是一个了不起的职业，我也是立志成为一名政治家并且通过努力好不容易实现了梦想，却不料这样的我也有打从内心后悔的一天。我还因此借酒消愁过，身体状况变差了不说，还借着酒劲说了很多别人的坏话来泄愤，这使得大家对我的评价越来越差。

见识了前辈与同事们荒谬的言行举止，别说尊敬了，我满心都是鄙视，有时甚至想和他们一决高下。我还在执政党会议和会餐现场挑衅他们，想要通过雄辩让他们哑口无言。那时的我没少让身边的人担惊受怕。当然，如此横冲直撞，我自然不会有好果子吃，也没有任何晋升的机会。

如今冷静下来思考，渴望权力的他们所付出的努力是全球共通的，那都是为了往高处走最重要的准备工作。或许他们做的事并非出自真心,但他们抱着善恶皆能为我所用的决心一路走了过来。所以,我们不应该指责我的前辈和同事,反而应该称赞他们(也就是说你不能忘记你所认为的小人实际上有着超群智慧的可能性。但需要注意的是他们当中也有如假包换的蠢货)。

我曾经对渴望权力的人做出的行为深恶痛绝,妄图与其斗争到底。现在想起来真是幼稚至极,自惭形秽。

好在前辈多加照顾,没有酿成大错。更幸运的是从政已久的前辈们教会了我不要跟小人一般见识。我也因此意识到,本来应该用来发展自身仕途的精力与时间,却因一时的愤怒与恨意而被白白浪费掉。

## 容易陷入无谓争斗的人有何特征

容易与小人发生争执的人特征如下:
- 正义感强
- 充满自信
- 有责任感

- 自尊心强
- 爱管闲事

**正义感强**

什么样的人是正义感强的人呢？正义感强的人就是判断事物时首先思考善恶的人。看时代剧长大的我就是典型代表。心怀正义的依据就是有正义始终会获胜的想法。

我们总认为老天有眼，会幻想超人、钢铁侠凭空出现前来相助，还会幻想自己就是英雄。有水户黄门带着风车弥七①前来相助，还有大冈越前来惩治罪恶。

作为学生抱有这些想法或许还可以谅解，一旦踏入现实社会就需要转换想法了。这是因为无论在哪似乎都不会有超能英雄前来伸张正义。

据说在美国只要有钱就能请到优秀的律师，无论什么罪名都能通过辩护变为对被告人有利的判决。由此可见从某种意义上来讲正义是可以通过金钱买到的。另外在印度、印度尼西亚以及俄罗斯等国，至今也存在利用官职

---

① 暗中保护水户黄门的忍者。

谋取利益的现象。比如消除交通违规记录时、申请签证时等都需要像付小费一样贿赂负责官员。

日本的情况的确不至于此,但在日本也并非正义即王道。当然这并不是说我们在助长恶势力,而是说不鼓励大家抱有正义总会获胜这种天真想法。

无论在东方还是西方,虚构故事中超级英雄层出不穷正好印证了现实中缺乏这种大快人心的英雄人物。而且每个人对正义的定义不同,我们无法完美地将正义数值化从而进行公平公正的判断。因此,我们不得不承认人生充满了不合理。说到底"合理"本就是人类擅自幻想出来的东西。能让你称心如意的世界是不存在的。虽然不知道到底有没有神佛,但似乎人们口中的神佛并非总能做出合理的裁决。

在接受了世间的不合理、清楚认识到正义非王道之后仍有为正义献身的觉悟,这也未尝不可。但是如果没有此番觉悟,那我奉劝你最好不要将善恶之分放在首位,过分追求正义。出于正义感的无谓争执是十分荒谬的,因为多数情况下你都会输给对方。

**充满自信**

这里的自信有多种含义。坚信自己才是正确的,坚信自己的雄辩能让对手哑口无言,坚信自己能在权力斗争中赢过对手,坚信自己能拿出优于对手的成果。有的自信毫无依据,有的自信则源于实际成绩。

或许你认为无论何事即便是虚张声势也要自信满满地做下去,但越是想要辩驳得对手哑口无言,在对手看来就越是不堪入目。我担任主管金融厅的政务官、自民党财金部会副部会长以及国会财金委员会理事时,曾多次举办与金融界人士交换意见的活动。金融界的权威人士大多是从学生时代开始就走上了精英之路。他们大多数人心里都瞧不起政客和官僚,这一点就连愚钝的我也能感觉到。在与其交换意见时充满自信地晓谕我国会和执政党的法案与政策应该如何如何,这样的人不在少数。

这种自以为高高在上、满口说教腔调的人脑子里想的都是什么呢?是想对我们施加压力?还是想通过侮慢以获取快感?又或者是"给我好好听好好学"那种对待自己下属的态度?

　　一起参加活动的前辈虽然嘴上不说,但他们那种"让那些家伙尝尝苦头"的表情我仍然记得。自以为聪明、学富五车的人所做出的行为往往会产生反效果。或许这些人智商是高,但他们毫无情商。

　　此外,过度自信之人的弱点会越来越明显。因自信而获得成功的经验会让自己面对下一阶段疏于准备。因为自信,所以对未来的预测也容易过于乐观。这样的人不只是会让旁人心情不畅,而且不把别人对于未来预测的观点放在眼里,越来越盲目相信自身能力,最后陷入恶性循环。

　　越是自信之时,越是自信之人才更应该谦虚且保持危机感去对待事物,这是放之四海而皆准的箴言。

### 有责任感

　　责任感亦是一种正义感,但此种正义不是对自己而言,而是献身于组织的正义,级别高于自顾自的正义。正是因为感到肩负组织的人事、业绩以及战略等责任,才和别人进行争斗。如果有这样的人存在,对组织来说可谓是奇迹。为了组织而挺身而出，和组织内部人员对立，这样的人一般来说非常少见。

但是，其具体做法存在问题。无论什么原因，都不能和在你看来是小人的人发生争执。不管你是为了自己的信念还是为了组织的集体利益，在他看来同样都是跟他对着干。小人才不会去考虑组织的集体利益。这也是我们称其为小人的原因。

如果真有责任感，如果真心为组织为集体着想，你绝不能跟小人一般见识，反而要让他顺心如意，诱导他为组织做贡献。如上所述，在充满妒嫉的日本社会，有能力、备受期待的人往往容易在半路就被沉滓一气的众小人拖后腿、拉下马。小人在多数情况下更接近权力中心，因此他们有着影响权力中枢的发言权。惹怒这些人与他们为敌对组织毫无益处。

诱导他人为组织的集体利益做贡献实为高级战术，如果能够做到这一点再好不过。如果做不到也绝不能惹怒他们与之对立，结果让局面一发不可收拾。

### 自尊心强

自尊心在绝大多数场合下就是绊脚石。可以说唯一能够发挥功效的自尊心只有对待自身工作质量的自尊心。

人们眼中"自尊心强"的人基本上是"希望给人留下好印象"的心情太强烈，仅此而已。因为感觉到别人瞧不起自己而生气、而心情郁闷的人就属于此种类型。

在对自己工作的评价中，确实不能让起重要作用的人看不起。不过，你只要有着"高质量完成工作"的自尊心，努力克服想要偷工减料的毛病，他们就不会侮慢你、看不起你。如果这样他们还是看不起你的话那就没有必要跟这种人共事了。

没面子伤自尊？那又如何？

要知道这些东西根本无关紧要。

### 爱管闲事

爱管闲事也可说是一种正义，这是一种想要纠正他人行为的心情。爱管闲事的人爱劝架也爱说教，也会好心地去纠正小人的错误。然而遗憾的是，想要纠正这些已经一把年纪的人是不可能的。

无论你怎么雄辩，他们都不会改变自己的想法。让他们无言以对的完美辩论只会徒增他们对你的仇恨。事后他们可能会不惜一切手段来报这一箭之仇。他们可不管旁人怎么看。不管你觉得自己辩驳得多么出彩，他们也很可能不以为然，反倒会认为你故意找茬，强词夺理。他们会觉得自己是受害者，而你只会受到他们的憎恨。

爱管闲事的人大多都是老实厚道之人。从某种意义上说是有自信的人，因为相信自己有解决问题的能力，所以才会多管闲事。

然而在这个世界，凭一己之力能够掌控的事情出乎意料的少。"只对自己能够掌控的事情花时间投精力"，这也是我的信条。我们无法掌控他人的情绪。可以这样说，就算你竭尽全力想让对方明白，就算对方满口满脸都是"我懂我懂"，实际上一万次里哪怕有一次对方心悦诚服了那都跟天上掉馅饼一样。也就是说，一万次里有9999次对方都只会怀恨在心，加倍偿还给你。所以，爱管闲事就是引火烧身。

# 如何舍弃麻烦且无谓的自尊心

## 前途"一片黑暗"的人有何特征

无论从政还是从商前途都"一片黑暗"的人有着共通的特点。我自己也不例外。

首先,成功人士共有的特性是任何时候都"不会迷失自我",而成事不足败事有余之人的共通之处则正好相反。

而且,"让自己迷失自我的"正是"无谓的自尊心"。全身笼罩着莫名自豪感趾高气昂的人看待事物时眼前会蒙上一层名为自尊心的窗户纸,因此容易迷失自我。

本来,如实认识自我并在此基础上来确立目标才是正确的做法,即使离成功还有距离,只要在自我认识、距离目标自己所处的相对位置认识上不出现偏差,你就能持续成功。然而,因为一点小成功就被充昏了头脑,莫名的自豪感进入原本清晰的视线,这将妨碍你正确认识自己。很多人就是这样迷失了自我,丧失了目标,从此一蹶不振。

有着莫名自豪感的人基本都有过一丁点成功经验。成功了,所以才骄傲。由此而来的自豪感会阻碍你清楚认识自我。

一旦取得成功,就会有心怀各种意图的人来奉承你。我建议你坦率地接受这些阿谀奉承,但切忌信以为真。人生漫漫,一点小小的成功不算什么。能否一路成功下去谁也说不准。进了一所好学校,加入了一个好集体,偶然取得一次好成绩,获奖、取得某种资格证书,选举胜出,谋得一官半职等等,不能否认这些都是好事,但千万不要混淆了途经站与目的地。

每过一关都更加自信,偶尔停下脚步稍作休息,这些都是好事,但绝对不能得意忘形。要时常告诫自己"这只是一个小阶段""我还有更远大的目标"。明明一事无成却还趾高气扬自以为高人一等的话,你就该好好自我检讨一番了。

我初次当选国会议员时,所有的待遇都发生了变化。就是这种情况容易让人产生错觉。搭乘飞机时享受VIP待遇;乘坐新干线豪华列车不需要掏钱;虽然还没有任何成就,但无论走到哪都有人叫我"老师";前辈领着我去的餐厅也是我以前从未见识过的高级场所。

我还受邀与名人一起录节目。以前只在电视上见过的名人如今与我一起坐在摄像机前闲聊,感觉自己也成了名人一样。出国也会有驻外使馆的工作人员前来迎接,并且会将相关信息与资料准备好提供给我。能力出众的秘书从预约筹措到体检准备事无巨细一概包揽,如此一来自己连买张车票都不会了。

此后,也算是为了"复健",我开始凡事都亲力而为,不过花了很长时间才做到。或许自己为了当选国会议员,在选举中真的努力过,但能够当选还是要归功于竞选团队。仅仅当了个议员,就有如此多的人来巴结讨好,这很容易让人感到莫名的骄傲,从而迷失自我。当上议员只是实现目标的手段,只是一个半途的站点,目标仍然遥不可及。然而,周围人带给我们的错觉使得大多数议员开始莫名的骄傲,迷失了自我。我倍感羞愧,因为曾经的我也不例外。

**冷静下来,用慧眼识"真我"**

奇迹难得一遇,人生就如同奇迹。无根无据的骄傲

"有百害而无一利"。为了充分利用宝贵的人生,我们一定要戒骄戒躁。要做到这一点,我们需要时刻保持冷静,擦亮双眼认清真实的自我,不卑不亢,专注于内心的目标。

棒球投手田中将大转会至纽约扬基队后首次登场就取得胜利,包括教练在内的专业人士对此赞不绝口。他们赞赏的不仅是田中优秀的投球技术等棒球专业能力,更是他在危急时刻、在万众瞩目的情况下也"绝不会迷失自我的成熟心态"。

莫名的骄傲是实现目标的天敌。骄傲自大、目中无人、装腔作势,你需要斗争的正是这样的自己。

作为一个政客我太不成熟。我曾因旁人的阿谀奉承迷失了自我,也曾经因为莫名的骄傲而不懂装懂,因错误的、不充分的信息做出了错误判断。还因为骄傲自大,错过了认识本应向他们虚心学习的人的机会,从而在与关键人物的人脉疏通上一败涂地。

正因为我有过这样的经历,所以才建议大家戒骄戒躁,努力让自己不迷失自我。赞美之词带着感恩之心去接受,并将其转化为奋斗的力量,但切忌信以为真高兴得忘乎所以,切忌对自己抱有毫无根据的自信!

## 勿念往事，否则伤口更深

### 运用沉没成本来做了断

沉没成本，简单来说就是"覆水难收"之意。日本多数集体组织都存在不理解沉没成本的倾向。

假设我们对某项技术投资100亿日元。一开始投资的判断完全正确，而后由于该业界实现了技术革新，投资了100亿日元的那项技术失去了价值。尽管如此，有人会认为投资了100亿不能白白浪费，于是仍对这项已无价值的技术纠缠不休、继续投资。日本企业就是如此，不擅长对往事释怀。

从商业角度来讲，既然已经白费了100亿日元就应该及时止血。执着于过去并且对过去的遗物追加投资让伤口越来越深，这实属愚蠢之举。

我们不能因沉湎过去而牺牲了未来。

我想起曾经看过的时代剧，其剧情是"父母受冤而亡，孩子余生都在谋划着如何为双亲讨回公道",这个故事打动了我。这毕竟是日本人家喻户晓的一段佳话,所以大家都能理解。

但是,如果你是孩子的父母,你会希望孩子为了报仇而白白浪费宝贵的人生,尽管不知有无胜算仍要为双亲雪仇吗？还是宁愿孩子有自己的成功未来？

消极的执念会造成负面情绪。这于人于己都不是乐事。对人怀恨在心,计划如何加倍偿还会耗费相当的时间与精力。即使复仇得逞也很有可能遭到对方的还击,承受成倍的痛苦。

日常生活中的小小争执也要尽量做到小事化了。即使你做出反击,也只会招来憎恨,而你付出的代价则是失去做其他有意义的事的机会。

**考虑时间成本**

无论做什么都要时刻考虑自身时间的价值。有一个小时的时间就要考虑一个小时能做的事。如果你有时间为人际关系而烦恼困惑、焦躁不安,还不如用这些时间来学习英语、学习商务技能，或者与朋友家人共度开心时光，又或者投身于自己的兴趣爱好，好好放松自己养精蓄锐。这样你才会更有效率。

　　人生说长也长，但如果不会利用时间，人生就如白驹过隙，转瞬即逝。跟旁人纠缠不休的人没有时间成本之概念，也不知道自身时间的价值，所以才会浪费时间。如果他们能够巧妙支配自己的时间，那将产生多大的价值啊。如果能考虑到这一点，你自然就会明白与小人较劲是多么浪费时间了。愤怒不已、争执不休、爱管闲事等等都是不知道自身时间价值的表现。人类得到的分配最平等的也是最宝贵的资源就是时间。时间才是价值的本源。

# 第 2 章　胆小之人应如何有策略地与人沟通

## 胆小蟋蟀的强大

现在全世界的领导者都喜欢读《孙子兵法》。此书可谓是极力主张避免无畏斗争的集大成之作。书里写道"（故用兵之法，）十则围之，五则攻之"，也就是说我十倍于敌，则实施围歼，五倍于敌，则实施进攻。在战场上要有五倍于敌的兵力才有资格好战。要谨记，不打没有胜算的仗，要创造压倒性的优势且尽可能做到不战而胜。

在动物界存在不少这样的实例。有人认为在动物的世界里只有强者才能存活。可实际上你这么想就大错特错了。"能够灵活应对并适应环境"才能够存活，这才是正确的观点。不是说同种动物里体型巨大争强好斗就一定能存活，懂得这一真理的动物实际上比一知半解的人类更聪明。

在对蟋蟀进行的实验中有趣的发现是胆子小不好战的蟋蟀比好战的蟋蟀存活率高。这是因为它们不会去以卵击石，而是靠存储体力、保持体态健康存活下来，并且把握与雌性交配的机会，为自己创造繁衍子孙的可能性。

在对领地与异性的争夺中，好战但缺乏深谋远虑的个体会因为争斗不休而过度疲劳。如果在终日不休的争斗中受伤，还会遭到来自没有受伤的更年轻、更有体力的个体的挑战。此外，在诸如黑猩猩等高等动物的族群中也存在类似人类社会中被视为眼中钉的个体遭受族群中其他个体实施的私刑而被杀害的现象。

人们普遍认为在欧美积极进取的人偏多。但即便是在欧美，争强好胜过了头也会遭人厌恶。虽然好莱坞电影中常常看到活跃在各个领域的主人公与对手或上司进行激烈斗争的场景，但这在现实生活中极其罕见，所以才会成为电影桥段。在职场上,主见太强、控制不好情绪的人都会被贴上不成熟的标签。

无论是在动物世界还是在人类社会,不要过分争强好斗才能在人生这场生存竞赛中修成正果。

## 越是讨厌的人越要装作低他一等

我见过的成功人士们都更喜欢合气道①而非空手道。合气道讲究的不是正面较量,而是借助对手的力量来瓦解对手的平衡,让身体架势朝着对自己有利的方向发展,并且在彼此都不会受伤的前提下决出胜负。

合气道讲究看准呼吸、灵活借用对方的力量而非硬碰硬,故无需练得一身健壮肌肉。无论对手体型多么巨大力量多么强劲,只要能稍微错开对手的进攻点,你就掌握了控制局面的关键。

---

① 合气道是日本一种以巧制胜的武术,是一种根源于日本大东流合气柔术的近代武术,主要特点是"以柔克刚""借劲使力""不主动攻击"。——译者注

世界上无论何种防身术，其目的都是保护自己免受体力胜于自己的人的伤害。这就意味着我们需要巧妙利用对方的力量。不要硬碰硬，而是对方往哪使力你也往哪使力，用对方的力量瓦解其平衡。如果想要加倍偿还，那么在现实生活中就应该采取此种"合气道胜利法"。

如果对方惹恼了你，不要生气。首先，你要给他面子顺他的意。小人就是小人，不受大家欢迎，这一点他们自己也多少有所察觉。虽然他们脸皮厚到可以毫不在乎，但是只要是人就会想要讨人喜欢、受人认可。越是让你生气的人越要尝试面带笑容地去让他帮你办事。尤其是有权有势的人，就算你怒火中烧，也要先笑脸相迎。

要做到这一点，你只需假装正中对方下怀即可。不要表现出任何想要反击的意思，而是假装甘拜下风，然后再厚着脸皮去拜托对方帮你办事。

要报复对手，更有成效的方式是利用对手的力量来为自己谋利。不要和对手进行无谓的争斗，这样反而会让对方变得更加棘手从而危及自身前途。让对手成为伙伴，充分利用对手才是明智之选。让对手成为最好的伙伴，不仅能让自己心情舒畅，自己的前途也会更加光明。

如果你追求梦想心无旁骛，那么即使面对小人也能放下自尊。从政时期，我也遇到过如果不向深恶痛绝之人低头就无法开展工作的情况。当时的我过于年轻，意气用事，与人起了正面冲突，还因过度愤怒而恐吓对方。不消说，我的下场很惨。希望推行的政策也夭折了，自己也没能得到提拔。唯一的收获便是瞬间的痛快感。放长远来看，这种痛快的感觉实在无关紧要，它很快就会消失无踪，而后便只剩下对愚蠢之人做了愚蠢之事的空虚与悔意。现在回想起来才发现，原来当时的自己缺乏"无论如何都要实现梦想"的目标意识。

有了如此惨痛的教训后我开始反省，也开始变得可以若无其事地对人低声下气。如果真的想干出一番事业而且有明确的计划，不管怎么低声下气都是能做到的。那都不是事儿。如此一来，从对方的角度来看，原本一脸傲慢看他不顺眼的人现在却对他唯唯诺诺，他会因此而感到高兴，自认为他才是赢家，于是沾沾自喜。

这样就行了。小人也是人，受人情所累，破绽会越来越明显。对小人低声下气时如果做不到诚心诚意，老奸巨猾的他们一眼便能识破。反正都要低声下气，何不做得彻彻底底，之后再到一个对方绝不会发现的地方破口大骂来发泄情绪缓解压力。切忌背地里说人坏话，说了就一定会传到他耳里。也千万不能在社交网站、博客上发泄，这些渠道也非常不保险。

## 实际利益高于面子

人与人发生争执多数是因为面子上过不去。日本和周边国家关系恶化的原因有很多，从某种意义上来讲，其原因之一就是日本放不下面子。

这个问题实在不好解决，因为中国、韩国也是非常在意面子的国家。在中日韩三个国家，面子的含义相同，但重要程度各异。若国家与集体的面子受损，这就牵扯到国家的利益，经由媒体传播还会波及政权的信誉，所以上升为外交问题也无可奈何。不过，日常生活中还是希望大家要有丢得起面子的胸襟。

就算你在众人面前丢了脸，他们也不会如你所想那般在意，而且他们不会刻意去记你的糗事。如果你的信誉、业绩等关乎实际利益的东西受损,那才会成为问题。若非如此,你大可不必放在心上。

因颜面受损而愤怒不已,意气用事而与人争执,这样做有什么好处?

若因争执而进一步惹恼对方,付出比颜面受损更惨痛的代价,是否有这种可能?

暂且忍气吞声,就算做不到和对方"成为伙伴",也要巧妙利用对方,又有没有这种可能?

若你能谋虑至此,那么你自然就会认识到因为面子问题而焦躁不安是多么徒劳无益了。

## 不要以为"狂妄自大就是精力旺盛的表现"

以前的青春连续剧里常有某个角色爽快接纳与自己针锋相对的人这种剧情。

然而就我所知,几乎没有人会接纳或赞许与自己针锋相对的人,无论对方的理由为何。如果你还年轻,那么与人针锋相对之后得到的评价可能会是"这家伙精力旺盛,有出息！"但千万不要上当受骗,大多数情况下这种话都是更有资历的人用来显示自己气量大的说辞罢了。实际上,几乎没有人会喜欢狂妄自大的人,人们都喜欢言听计从的人。如果你是上司或领导,你就能深刻体会到这一点。

人类很难忘记与自己针锋相对过的人,而且这种难忘并非出于好意,而是一种长久的心存芥蒂。

在国政选举当选前,我一直抱着同今后将成为同事的议员们切磋过招的态度参选,结果落选了三次。交过手的人无论在社会上还是在政界都是颇有名望的政客,所以我曾一度抱有天真的幻想,认为"他们都有着高尚的人格,宰相肚里能撑船,不会记恨我",然而现实并非如此。

他们从未忘记对我产生过的恨意,对此我非常惊讶。但是前辈们却对我说:"他们也是人。不,应该说政客尤其无法容许有人跟他作对,这就是现实。"

你最好认识到这一点,这个世界上没有人会接纳来找碴的人,更不会夸赞他"真了不起"。

吵架之后友谊变得更加深厚的故事情节只存在于电视剧和漫画中。正所谓"钱多怕事",成功人士会选择投入时间和智慧来不战而胜。在对手毫不知情的情况下,巧妙利用对手的力量来获得自己想要的东西。无需与人发生正面冲突,斗个你死我活,结下深仇大恨,你只需要默默地、准确无误地朝目标前进即可。

## 忍耐忍耐再忍耐,忍耐到底就是胜利

如果要说人生中最重要的素养是什么,我将毫不犹豫地说是"忍耐力"。这是因为我过去的生涯里有太多"如果……就好了"这样的场景,这也就意味着我"反复经历过毫无必要的失败"。不过总算是好事多磨吧。

我所说的忍耐不是指一味地忍受,而是说不可以不假思索立刻做出应答。首先,我们要做到像喝药一样,即使有抵触情绪也要发挥忍耐力一口气咽下去。

要成为一名成熟的商务人士,就应该在做出反应之前慢慢消化,细细思考。我们首先要养成这样的习惯。

或许在学校里反应快、即兴发挥出色的人会更受欢迎,但是这样的人容易成为小人的目标。小人们经验丰富，他们能将你玩弄于股掌之间。一旦踏上社会，反应过快的人就会被贴上不成熟的标签。换句话说，人们会认为你欠缺深思熟虑。

比如在看重快速反应的推特上，也要先经过深思熟虑再发布状态。面对评论不要立刻回复"何以见得？""你说错了吧？""完全赞成"这样的话，而是要做到不管面对多么讨人厌的意见或者提问都要好好消化认真思考。

你要去想"他们为什么会说这样的话""或许原因是这样的"。

现实社会中，控制不住自己、立即做出反应的时候战火就已点燃，你讨厌对方的情绪也会传达给对方，局面将一发不可收拾。

或许要做到如下要求并不容易，但你仍需尽力为之。你应该面带笑容，至少回应一句"原来如此"等类似的话，让自己冷静下来，去理解对方的话语。如果无论如何也无法忍受，你应该报以对方一个爽朗而自然的微笑，并举止得当且煞有介事地告诉对方"我去趟洗手间"或者"我去抽支烟"，然后离开。

越是容易发生冲突的场合，越应该尽快离开现场。这是一项高级战术，你的离去会向对方传达某些信息。也就是说，你要让对方以为你受到了伤害。

某位世界冠军曾告诉我，在拳击擂台上有的选手越是受了伤越要强颜欢笑，假装"完全没事""对手的攻击不起作用"，其实这样做是不好的。强装的笑容会夹带抽搐，极不自然。这就相当于在告诉对手攻击起了作用。笑容还会让对手更有斗志，你越是笑对手越会让你吃不了兜着走。

对手的攻击明明没有效果却装作受到了重击，让对手麻痹大意、得意忘形，在对手耗尽能量时开始反击，这才是明智的做法。这也是拳击手中的传奇人物拳王阿里对阵最强劲敌福尔曼时采取的策略。他一直假装打不过福尔曼，让福尔曼得意忘形，不断消耗他的体力，直到最后关头才全力反击。这让福尔曼大吃一惊，狼狈不堪。阿里靠此战术将福尔曼 KO 出局，获得了比赛胜利。

如果遇到无论如何都抑制不了愤怒的情况，一定要在对方察觉之前装出一副甘拜下风的样子，然后冷静离场，避免与对方发生冲突，不要让对方察觉出你对他的厌恶情绪。

# 如何浇灭燃烧的怒火

**首先探明对方的动机**

如果心中燃起了难以浇灭的怒火该怎么办呢？

每个人管理愤怒情绪的方法各不相同，我个人的做法是首先探明对方惹怒我的动机。如前文所述，反射性举动，即过快的反应通常都不会有好结果。因此，我们首先要仔细思考对方"为何要惹怒自己"。在思考过程中自己能够冷静下来，而且只要能明确对方的动机就能找到对策。

有人对你使坏时，探明他的动机是最好的选择。这种思维训练能在许多情形下起到作用，后文将做详细阐述。可以说"读懂他人内心的想法是人一生中最重要的技巧"。另外，开动大脑专心致志做一件事也能让自己冷静下来，防止自己反射性地做出幼稚的举动。

**切忌瞬间做出反应**

如果用上述的方法仍然无法抑制愤怒，我不会当场拔掉愤怒的雷管，而是会选择人烟稀少、能够保证隐私的地方去发泄一通。我曾经尝试过各种方法，但这种做法最为轻松有效。

比如你可以写下来。遭到苛待后，你可以写一封邮件来发泄愤怒，想些什么就写什么。不过，即便是不小心也万万不可发送出去。我在遭到令人忍无可忍的待遇或是收到这样的邮件时，也会立马写下反驳的邮件。但是，写完之后我会冷静地将邮件存为草稿而不会发送出去。我曾经因为立刻回复邮件以及对推特评论进行反击，好多次都坏了大事。从那之后我开始训练自己不轻易回复，所以现在能够做到写回信而不发送。

我有一个特点，反应比较慢。别人对我使了坏，过了好久我才会发现。这可以说是缺点，也可以说是优点。反应慢可以弥补忍耐力不足，但弥补终究只是弥补，因为也存在越是过得久愤怒的烈火烧得越旺的情况。

这种情况下我通常会采取的做法是将防水电视带进浴室将音量调到最大，然后一边想象痛殴对方的场景一边破口大骂。骂出口的全都是低俗无礼的禁播用语，不过也正因如此心情才能舒畅起来。

我所说的忍耐力是指忍住立即回应的冲动，不是说何时何地都要忍气吞声。从精神卫生的角度来看，长久压抑自己是非常有害的。在人前要不动声色地接受一切，然后到别处尽情发泄，调整情绪。发泄的时候一定不要被相关的人发现。比如和同事、前辈一起喝酒聊天的时候跟他们抱怨就非常不保险。

我有过切身体会。从政时期，某位前辈对我总是冷眼相待，而且还到处说我坏话。我过了很久才发现，当时非常气愤。其他前辈为了安慰我，邀我去喝酒。一是因为喝了酒，二是因为他们用"那家伙真可恶"这样的话诱导我，我也就开启了污言秽语模式，谩骂不停。

骂完之后是轻松了不少，但那之后不知道前辈出于何种意图将我说的话"打了报告"。在政界就是如此，"你说的坏话会像长了翅膀一样很快飞到对方耳里"，所以千万不能在别人面前说谁的坏话。我当时还不懂这个道理，也是因为这件事第一次有了切身体会。

管理愤怒情绪的方法可以是口头发泄,也可以是笔头发泄,这样做能够帮助你放松心情。但一定要注意,发泄的前提条件是绝不能让你骂的人发现。

我有一个熟人的做法是"把不可饶恕的行为写进死亡笔记①"。他说他会把不可饶恕的人及其行为写进死亡笔记,并且配上泄愤的话,总有一天要报复回去。虽然我不赞同报复,但如果死亡笔记泄愤法能帮助你平复心情的话也未尝不可,前提是要对笔记中涉及的人物进行模拟信号化处理,且对笔记进行妥善保管,绝不能让任何人发现。

总之,怒火中烧时要像用液态氮进行瞬间冷凝一般迅速控制情绪,从容地展露笑颜,事后再到别处尽情发泄。发泄完之后,带着理性的头脑去冷静思考下一步应该做什么。

---

① 《死亡笔记》是日本的一部动漫,与此处有关的剧情为名字被写进死亡笔记的人都会真的死去。

## 怒不可遏时要学会灵魂出窍

前辈曾告诉了我一个非常好的建议。

据说这位前辈曾经性情急躁,这对我来说简直无法想象。他曾经充满精力与正义感,常和有权有势的人争斗辩驳。他常说:"我一无所有,所以毫无畏惧。"

他做人的原则就是"扶弱抑强",正因如此,其他前辈都说他像"武侠电影中的人物"。他对后辈的照料在政界中好到令人难以置信。不仅是对我,他对其他很多后辈都照顾有加,值得一提的是,他并未因此邀功。我曾经与这位前辈共事,他甚至还为我邀功,说都是我的功劳。

他意识到人世间不同于武侠电影,于是开始采用"灵魂出窍"这一技巧。越是愤怒的时候,越要将自己从肉身抽离出来,从上帝视角来审视自己。在自己同对方即将发生冲突的场景中,像灵魂出窍一般自行抽离,从上帝视角暂停时间进行3D式观察。

只有这样才能"回归自我"。从这一视角来观察自己能够让自己冷静下来,瞬间就能明白如果再这样下去的话"情况不妙,对方会对我心生厌恶""一场恶斗迫在眉睫"。

心中燃起怒火时,应该采取从上帝视角对自己进行全方位客观性观察的方法来控制情绪。要得心应手地做到这一点需要很长时间,不过一旦掌握了要领,这种方法将非常奏效。平常多加训练自然就能掌握个中诀窍。

这种技能并不局限于"防止不必要的争执",在决一胜负的关键时刻也能派上用场,总之掌握了它生活会更加方便。

比如,在事关重大的展示或演讲中"灵魂出窍"可以让自己站在台下观众的角度来思考问题,发表演讲。如此一来不仅不会紧张,而且还能在明确讲话要点的同时,在关键之处加强感情控制语速,使得演讲效果更加出色。在和朋友、交往对象发生争执时也可以通过灵魂出窍的方法来让自己站在对方的立场上冷静地审视自己,控制自己的情绪。

虽然掌握灵魂出窍法需要大量训练,但这是消除生活压力、享受愉悦人生的最大秘诀,因此希望大家都能掌握这种方法。有人将审视自己的另一只眼称作第三只眼,那就让我们张开自己的第三只眼吧!

## 工作中不需要假想敌

在处理人际关系时首先要知道的是,不要假想谁是你的"敌人"。可能就只在体育竞技中可以把谁想象成"敌人",而在现实社会中最好不要树敌。

现在的我也没有敌人。并非所有人都是伙伴,其中也有竞争对手,但绝不是敌人。竞争对手也可以成为伙伴。

敌人的概念来源于排挤的念头,这本就是一种心胸狭窄的表现,而且树敌毫无益处。有人喜欢扮演大家长角色,建立一个只有自己人的圈子,喜欢与人斗争并划分势力范围。他们有可能会为了加强集体内部的团结而故意树敌。但在剧烈变化的时代,灵活应对各路人马、建立广泛的人际关系好过在固定的人际关系上越陷越深。

虽然建立广泛的人际关系有可能会被看作是见风使舵、八面玲珑的圆滑之人,不过任旁人说去吧,反正建立广泛的人际关系才是正确之举,你就权当他们是在夸你。

对某个人心怀敌意或是不擅长与其打交道,大多数情况下都是因为你缺乏人生阅历,所以才会自以为是。这种偏见类似于"偏食"。随着人生阅历的丰富,对人的喜好也会发生改变,对人的理解也会不断加深。对待他人的宽容程度也将与人生阅历成正比提升。

即使你对某人心怀敌意,觉得无法跟他相处,也要积极主动地跟他打交道,或许你会发现对方并非如你所想那般讨人厌。说到底,若要享受愉悦的人生,你根本没有理由去刻意讨厌谁。不用勉强自己去喜欢谁,但是也没有必要故意去讨厌一个人并且把他当作敌人。

## 越是尴尬之时越要厚着脸皮去搭话

假设为达目的你必须和一个人合作,但是你无论如何都无法和这个人融洽相处,这时应该怎么办?

解决问题的终极手段就是询问他"如何处理他对你做过的种种坏事",这是非常有效的做法。也就是说,将他对你做过的坏事说成是别人对你做的,并且向他寻求应对的方法。

这是一项级别相当高的战术。如果有人故意无视你的存在，故意给你找难题，或是疏远排挤你，你就去找他诉苦，说"有人故意无视我，给我找难题，还疏远排挤我"，问他该怎么办。

这个办法非常奏效。对方很可能在惊讶的同时也会耐心地帮你解答疑问，之后他会根据自己给你的解答来改正自己的行为。如果用这个办法就一定要做到极致，不要暗示对方"我说的就是你"，而是要真心实意地找他商量。再阴险的小人遇此情况也肯定会思考"他说的是我吗？"

实际上对此我有过切身体会，建议我这样做的是一位了不起的政治家。虽不能真实再现我的详细经历，但这一策略对当时的我来说起了很大作用。为了不让对方发现这是我的策略我非常谨慎。由于当时是紧要关头，我不得不采取这一策略。

要想让难以相处的人停止讨人厌的行为并与其成为伙伴，普通方法行不通时则可以采取上述策略。其要点在于越是关系恶化之时越要与对方进行某种形式的沟通。

最糟糕的情况就是因为难以相处的成见过于强烈，在必要之时也不进行任何沟通。

2014年3月乌克兰危机时,虽然美国与俄罗斯站在对立双方,但同为世界大国,双方之间的沟通却没有断绝。普京与奥巴马虽然心知肚明从政治立场出发双方无法达成一致,但双方仍保持着甚至比平时更为频繁的对话。同年6月,为出席诺曼底登陆70周年纪念仪式而访问法国的奥巴马与普京还进行了短时间的单独会面,为缓和乌克兰的紧张局势进行了商谈。

虽然今后的局势仍然变化莫测,但正因为这样的危机,不仅是奥巴马,欧洲各国也通过各种渠道保持沟通。

沟通的意义在于能够避免各方彼此臆测猜忌。如果陷入了相互臆测猜忌的怪圈,对方毫无恶意的行为也会显得"充满恶意"。如此一来本已恶化的关系会朝着更坏的方向继续升级,最后可能演变为地区冲突。

在与自己讨厌的人关系不断恶化的情况下,虽然没有必要勉强自己与其亲切交谈,但是一定要保持频繁的沟通,阻止关系进一步恶化。至少也要打个照面,就算没有任何语言,但最好通过表情与举止展现出自己对对方并无敌意。不想见到对方那副嘴脸的心情可以理解,但如果连面也不见的话负面的臆测猜忌将拉开帷幕。

## 只纠缠对你有帮助的人

应该斗争的对象要集中在向上的人,也就是说通过与其交手你能够得到好处的人身上。发怒的对象也应作此选择。

有的人不管你如何纠缠他,对你来说也毫无意义,那样做只会让你往下掉(遭受损失)。无论这些人对你做了什么,你也千万不要搭理他们。如果他们纠缠你过了火,你甚至可以逃之夭夭,离他们越远越好。

说到毫无必要去理会的人,首先大家就会想到匿名(有时为实名)进行不合常理的恶意攻击、不带半点尊重的网民。尤其是在出任议员的时候,我经常遇到在社交网站上跟我纠缠不休的人,直到现在还存在这种情况。虽然无法确定他们为什么这么做,但总的来说可能是因为他们时间过于充足,精力过于旺盛。我都不禁为他们感到可惜,如果把如此多的时间和精力投入到有意义的事情上那该有多好。

这些人有的只是意气用事，有的可能是对某件事情想不明白，有的则是想通过纠缠来逼迫我做出回应然后让自己在网络上备受瞩目，还有的人想从我的行为言论中挑毛病然后向世人宣告"他栽在我手上了"。

我曾经遇到过极端不讲道理、对我纠缠不休的人，还满口污言秽语，我实在忍无可忍于是便开始反击。然而这种做法大错特错，我从中汲取了不少教训，现在我完全不去理会这类人。对于那些纠缠到让我毛骨悚然的人，我采取的做法是能逃则逃。

搭理这类人对自己来说几乎没有益处。如果你做出反驳，你的反驳就会通过网络暴露无遗，不管你的话多么在理，你都会给人留下太闲、不成熟的印象。只要你的语言包含一丁点非理性成分，都会成为你心胸狭隘的标志。

这类人很擅长引你上钩，他们只要想在鸡蛋里挑骨头就能完全丧失理智，变得无理取闹，幼稚可笑的局面将久久得不到收尾。尽管耗费了宝贵的时间，但你不会得到任何回报。如此一来你不仅费了时间，还丢了名声。

一次，一个有名的博主拿我的反驳言论说事儿，他对于这种勾当乐此不疲。朋友看到之后还担心我，嘱咐我

"别太往心里去"。我实在是受不了此种鼠辈在那里无中生有，写博文诽谤中伤我，还就此事咨询了律师。律师对我说："如果你再去反驳他，让事态进一步扩大那就正中他的下怀了。放任不管的话最多也就给您添个堵，要是单纯为了消一口气而采取实际行动去反驳他，那将给您造成战略上的重大损失。"

律师还说："对您纠缠不休的人或许自己都没有发现，其实他对您抱有好感。他希望传达这种好感，但由于表达方式不到位，让您感觉像是在抨击您，这种情况也是存在的。如果您反驳他会让他失去理智，他可能会对您进行更猛烈的抨击。"律师说，从这一点来讲也要做到"不去搭理对方，好让他尽快忘了你，不再继续纠缠你"。

我个人虽然没有经历过，但是据说在电车里、夜路上也会有人主动上前套近乎。可能多少受到经济不景气的影响，但这基本上是由于日本人口减少，整个社会漂浮着闭塞的感觉。这使得部分人精神上出了问题，变得焦躁不安，容易发脾气。有的人还会因为对未来感到不安而自暴自弃。所以当你遇到这种人时，出于正义感与使命感你决定和他们一决高下或者是对他们进行说教都是很危险的行为。

　　被这类人纠缠上没有好处,不仅浪费时间与精力,还会造成其他损失。只要你能这样想,见到这种人时你自然就会敬而远之。不要和他们扯上任何关系,不要对他们有任何好奇,这才是最佳做法。切忌去反驳或反击他们,总之要避免与他们有任何接触。有时你还需要主动地逃离,让他们爱说什么说什么去。

　　与人纠缠之前先冷静下来,把目标锁定在能带给你好处的人身上。

　　有的人你对他生气是毫无意义的,你要学会巧妙地躲避这种人,遇到这种人就要抛弃自尊心、正义感和热心肠赶快逃跑。最后就是要让对方尽早把你忘掉。

## 尽管如此也要和小人大战一回!

　　我想通过本书呼吁大家避免无谓的争斗。不要因愤怒而与小人起正面冲突,而是要灵活利用对方的力量来让局面朝着对自己有利的方向发展,以这种方式加倍奉还给他。这才是我想要传递的信息。但是,漫长的、仅此一次的人生有时仅靠华丽的躲闪是行不通的,偶尔也需要你堂堂正正地与对手进行正面较量。

学会躲避小人非常重要,我们应该和有竞争意义的对手进行较量。但是,如果只知道闪躲,等到了紧要关头你将手足无措,不知道如何与人正面较量。因此,还是记住如何与人较量为好。

另外,俗话说吃一堑长一智,跟小人进行较量能够让你实际体会到这样做是多么没有意义、没有好处,也能让你认识到今后应该尽量做到不与小人一般见识这个道理。如果刚踏上社会就开始躲避,你就得不到这些切身体会。

与小人较劲,即使是流于表面也要跟他辩驳,让他蒙羞。或许这样你能够让自己心情舒畅,但有时这样做反而会给对方猛烈反击的动机,这可能会让你复仇不成反被害。其实,实现自己的目标远比为自己出一口气重要得多,如果本末倒置,你终将自食恶果,后悔不已。虽说受了伤,但在受伤较轻的情况下经历这些未必是坏事,如果年纪到了一定程度再来经历这些可能会形成致命伤。因此,在"年轻气盛"、犯错能够得到原谅的时候积累"与小人较劲"的经验也未尝不可。

为关键时刻做准备也好,为切身体验与小人较劲是多么徒劳也罢,总之要与小人大战一回。

本书旨在解释避免与小人较劲并完美抽身的意义与方法。虽然上述建议与本书宗旨相互矛盾,但是人的一生并不是非黑即白。世间的疑问往往会是"多选题"而非"单选题"。在本书的命题下也存在"避免争斗很重要"与"有时进行争斗也有意义"两个选项。

我建议大家在受伤程度较轻的情况下尽情与小人大战一回。你是否会因此而消一口气不能确定,但可以肯定的是你一定会在此过程中耗费大量时间与精力,最后还会把自己逼入窘境。正因如此,它才会成为你一生难忘的教训。不要顾虑太多,把这段经历当作将来与有挑战价值的对手进行较量的准备活动就好。

# 第 3 章　让各路强者成为伙伴的"骗人"之术

### 人生中最重要的能力

**哪些人才是真正聪明的人？**

我活到现在，见过许多头脑好得让我自愧不如的人。不管是日本人还是外国人，他们都聪明到令人害怕的程度。我这一生遇见了很多这样的人。

留学的时候，我曾与俄罗斯科学院的众多天才坐在一起学习经济学。他们就是所谓的火箭科学家到华尔街最早的一批人。苏联解体导致预算缩减，无处可去的优秀科学家们为了在美国金融界掀起一场革命而纷纷涌入名牌大学的经济学院攻读研究生。他们在数学方面的造诣连名校中的名校耶鲁大学的数理经济学家都无可比拟。

从政之后，我与被誉为日本最强智囊团的霞关①人共事。因一直身居执政党内，我常与中央官员讨论经济与财政政策。他们写的材料非常出色，对政策研究有很深造诣自不消说，在艺术、文学等众多领域也颇有才学，对此我非常惊讶。

在美国，被誉为智库最高峰的兰德公司有29名诺贝尔奖获得者，这一数字接近日本整个国家的诺贝尔奖获得者数量的两倍，可谓是人类智慧的中心。而与我同在一个教室听同一堂课的人当中也有数位诺贝尔奖获得者。我与他们一起在食堂里一边吃汉堡喝可乐，一边聊他们的研究成果以及如何将这些政策落实到国家政策中，聊完后发现他们真的非常睿智。

我进入政府开始担任经济、财政以及金融政务官时，

---

① 霞关（霞ヶ関，Kasumigaseki）指的是位于日本东京千代田区南端从樱田门到虎之门的一带，是政府机关集中地区。——译者注

为了设立日本的主权财富基金我组织成立了议员联盟，还在自民党国家战略本部里设立了商讨机构。因为工作关系，我与世界闻名的对冲基金、私募基金的所有者以及国家基金的领导人反复进行了议论。管理着上万亿日元资金流动的人物所持有的信息量与分析能力果然非同一般。

东京大学举全校之力成立了东大 EMP（Executive Management Program）。我就读东大 EMP 时，与宇宙科学、医疗、经济、哲学、宗教、艺术等领域最高级别的学者进行了跨专业交流。他们学富五车，让我深铭肺腑。通过交流，我也磨练了自身设置跨学科课题的能力。

在哈佛大学以及耶鲁大学做研究员的时候我也得到了许多机会与任职于两所世界级顶尖学府各个领域的专家亲密接触。期间，我还得到了与诺贝尔奖、普利策奖获得者以及许多国家元首或前元首交换意见的机会。

我还多次受邀参加国内外各种国际会议，从学者到企业家，我亲眼见到了许许多多事业有成的人，受到了极大的激励。

这些经历让我可以断言，这个世界上聪明的人数不胜数。聪明的大脑固然有其价值，但这种价值不是绝对的。

真正的睿智以及让你脱颖而出的人生最高价值不等于单纯的脑子好使。光有优秀的记忆力和发散思维是不够的。

无论是企业家还是学者，无论是政治家还是行政官员，要想成就一番事业，有一种能力不可或缺。那就是"看透他人心思的能力"。掌握了这种能力的人才是最有智慧的人，这种能力将为你的人生锦上添花。

**精英也会受挫的原因**

这个世界不缺想法和热情。重要的是如何将这些想法和热情转化为实际的东西并让其撼动世界。然而，不管你多么聪明，一个人单干成不了大事。如果不去思考如何才能带动身边各种各样的人，如何才能让他们认真行动，那么你的想法和热情终将只是纸上谈兵。

为此你需要去掌握理解他人想法的能力。我个人感觉很多智商高的人都缺乏这种能力。正确来说，我甚至认为越是智商高的人越缺乏这种能力。

仔细想来的确如此。正是因为他们充满自信、自我崇拜，仅凭个人的想法勇往直前，所以才会被称为天才。但是，他们若要继续前行实现天马行空的想法，必须抛下自身的感受多去理解别人的心情。

若要鼓动别人，就必须先要知道对方的想法。这里的知道就是去理解的意思。前文讲的都是如何自省，行文至此需稍作转换。人生看似简单，实则不然。

要达到本书标题"不争辩的智慧"的境界，看透他人心思的能力也是必不可少的。也就是说要做到不惹怒别人、不和别人较劲、让别人成为你的伙伴然后充分利用其力量，你必须掌握理解他人想法的能力。

我见过不少精英因为不知道别人的想法而无法充分发挥自己的能力或者是遭遇挫折甚至销声匿迹。不管你有多么敏锐的分析能力，如果不能给世间带来震撼，你就需要先去理解能人的想法，然后鼓动他们拉他们入伙。

在处理人际关系时，不管什么情况都首先要从考虑他人心情入手。如此一来你将无需跟小人一般见识。读懂他人的心思与随时想着自己的目标一样重要。只要通过训练掌握了这种能力，你就能够让跟你作对的人也为你效力。

## 一点小技巧助你看透他人心思

不管对方是不是小人,只要他是掌握着你前途命运的重要人物,与他接触就要万事多加准备。尽可能多地做准备以防后患。越是不易打交道之人越要用心调查。不要先入为主,要想着这是为了自己,单纯将对方当成调查对象严肃地进行调查。

比如在公司的名声、业绩、出生地、家庭成员、工作经历、婚姻状况甚至有无子女等都是宝贵的信息。以我的经验来说,我彻底调查过政界前辈们的出生地、家庭成员、家世、工作经历、派阀族系等信息。这使得我看清了他们思考与行动的偏好。

从秘书做到议员的人大多对时间和礼节非常计较,他们原本是在"暗地里"扶持议员对议员毕恭毕敬。成为议员后他们非常成熟很难对付,言行举止没有破绽。他们对政界的人际关系以及各官员的名望了如指掌,为人也很可靠。从地方议员做上来的人原来都是地方议会的头,因此他们看重情义，爱扮演大家长角色，对年功序列①非常执着。他们还是耍心机的好手，而且他们大多数更看重人际关系而非政策或数字这些细节之处。

当官之后再做议员的人头脑聪明擅长处理数字，对政策以及官僚组织非常熟悉，这也是理所当然的。但是他们不看重情义，不会关照人。

继承父母衣钵的议员没有经历过太多苦难，相应的心地善良之人比较多。父母给他们灌输政界的人际关系甚至会说到两代人以前，所以他们在这方面了解得非常详细。政治历史也通过父母学习，与官员、权势之人的关系也从父母那里继承下来，交际非常广。只不过他们不如从秘书做到议员那些人有能力，这可能是好事，也可能成为问题。另外，他们花钱也大手大脚。

是否经历过落选也很重要。不过不能简单地说经历过落选就好，没有经历过就不好。万事都是如此，一个人如何看待自己的经历决定了他将受到正面的还是负面的

---

① 年功序列是日本企业的传统工资制度，其主要内涵是员工的基本工资随员工本人的年龄和企业工龄的增长而每年增加。——译者注

第 3 章　让各路强者成为伙伴的"骗人"之术　　53

影响。经历过落选,有的人面相会变好,有的人则会因为积劳成疾面相变得更糟。积极面对落选并从中汲取教训的人能够明白别人的心思,忍耐力得到提升,他们会变得更有深度。相反,认为落选就是失败的人则会一味怪罪别人,面相变差,还会疑神疑鬼。

以上举的是政界的例子,总之道理就是人的背景经历决定了他的人格发展。在喜欢或者讨厌一个人之前,要尽可能地去调查对方,他出生在什么样的家庭、做过什么样的工作才成为了现在的他?血型、星座等也可以调查,但不要只停留在这种程度。出生在哪、有几个兄弟姐妹、父母做什么工作、学历情况如何等等,调查范围越广越好。

如果能像这样自行进行分析,在认识新的人时就能够像占卜师一样把自己的猜想告诉对方看是否正确,这能起到实战演练的作用。我就会在与人用餐时,先把气氛搞得轻松愉悦,然后在对方的兴头上尝试询问对方"您是不是在姐妹中排行第二?""您父亲是自己创业?""您大学是美术专业?"等等。如今我经常都能说中。如果能做到这一点,你就能够灵活选择待人处世的方式,人际关系也会越来越顺。

另外，前文也稍有提及面相的问题。面相非常重要，因为面部是最大的信息源，可谓是人的信息宝库。眼睛是否有灵气，左右脸的表情是否协调（据说左右脸表情不协调的人有显著的表里不一倾向），笑的时候是否眼睛也在笑，面部是最容易展露内心的地方。心之所想会和面部肌肉以及眼睛的动作发生关联。眼睛与嘴唇会如实反映你的内心世界，位置固定后便成了面相。所以你可以在礼貌的范围内尽情观察他人的面相。

总而言之，就是要彻底调查对方，了解他的人生经历，探索其思维模式，然后做出假设并在数次见面过程中进行验证。如果能够推敲出对方的思维模式，就可以把当下的情况带入这一模式。如此一来，你便可以推测对方为何要采取现在这样的行动，今后情况发生变化他又将做出何种改变。

如果能够推测出答案，那么你就能够清楚地知道下一步如何实现最大的目标，即如何引导对方按照你的意思来行动。

我经过长年积累，才一个个地摸索出了众人的思维模式，可以从容应对各种各样的人。不过要注意的是人总在改变,所以必须经常进行信息更新。人可能会因为所处的环境和交往的人而突然变得高尚或卑劣,因此有必要不断更新对人的判断。

## 如何让他人的行动如你所愿

**情胜于理**

很多人都会苦苦思考:"为什么他就是不按照我的意思来行动呢?"

戴尔·卡耐基①因《如何赢取友谊与影响他人》一书而出名。他在书中阐述了"影响他人"的三大原则,简单来说就是:

- 不要过分地批评别人
- 真诚地赞赏他人

---

① 戴尔·卡耐基(Dale Carnegie,1888 年 11 月 24 日—1955 年 11 月 1 日),美国现代成人教育之父,美国著名的人际关系学大师,西方现代人际关系教育的奠基人,被誉为 20 世纪最伟大的心灵导师和成功学大师。——译者注

- 想人所想

这三点。不愧是在充分理解人性的基础上给出的建议。其中最重要的是第三条"想人所想"。第一第二条与其说是"影响他人"的原则,不如说是一种技巧。这两条更接近于"礼貌",是理应掌握的处世之道,无须刻意强调。

人要动之以情,不能满嘴道理。只在乎理论的人靠逻辑说服他人时,可能会给对方造成巨大压力。在这种情况下不管你怎么跟他辩驳他也会无动于衷。最后只会闹得他认为你"满嘴的歪理,让我在人前颜面尽失",于是记恨你一辈子的下场。

电视上政治类谈话节目的制作人会鼓动讨论双方展开论战。我每次上这种节目都会思考我们讨论的目的何在。当然这么做也是为了提高收视率,但是节目嘉宾辩论一番之后就不再是表演,而是真的发怒,企图和对方辩个你死我活。

有一次还看到同事在节目现场发飙,与人势不两立,让电视机前的观众看了笑话。此后他还经常受邀参与节目录制。或许他自以为在电视上成了名人,但我反而认为他作为政治家的名声受了损。我上这样的节目就绝不会参与到满是火药味的讨论中,也不会强行打断别人的发言,而会礼貌地听完之后找寻双方意见的共通点,用充满绅士风度的言语与对方交谈,寻求对方的赞同并形成一致意见。我尝试这样做之后,节目录制的邀请就越来越少了。

身为政客,若想有所作为就不要与党内的意见不合者或是与在野党的议员在电视节目里进行"辩论个你死我活"的夸张表演,不要想着批判、羞辱对方,而应带着尊重的心去发现双方意见的共通之处。跟电视台合作是做不到这一点的,因为电视台的人认为政治就是电视辩论节目,在他们眼里收视率高于一切。

## 尊重每一个人

即使对方是小人也要一视同仁,对不易打交道的人更要毕恭毕敬,绝对不能指责对方、表现出你的厌恶之情。你还要表现出对他们心怀敬意的样子。最后,你要站在对方的立场思考出他想要什么,把他想要的也视为跟自己利害相关的东西。

比如,在请求他人反对或赞成某项法案、政策的时候,无论对方明显站在跟你相反的立场上还是暂时拿不定主意,办法都是相同的,那就是要找出对方想要什么。你可以帮对方取得所在地区需要的预算,也可以给他介绍能够增强其资金实力的资助者,还可以为他提供同拥有重要投票权的国家级组织和企业联手的机会,总之为其毕生事业提供物质与精神上的支持。

再者,无论他对你想实施的法案、政策如何恶言相向,你都不能让他听到你的半句指责。俗话说"隔墙有耳",消息就像自己长了手脚一样自然而然就会跑到你最不想让他知道的那个人耳里去。与其如此,不如全心全意地去敬仰想要推行的法案和政策,并将这种心意传达给对方。

有的政客倾向于随心所欲地表达自己的观点,但如果真的想成大事,这种态度未免有点孩子气。每个人都有各自的立场,但如果你不顾他人立场恣意地表达观点,就一定会与人结下本可避免的仇怨,他们也不会助你一臂之力。政界之外也是如此,没有旁人的协助你的想法就无法成为现实。也就是说,在各种环境下人们有多种多样的观点，因此你不应该随意地主张自己的观点。

"影响他人"这一观点的视角就是自上而下，多少有点厚脸皮的感觉。首先你应该站在你想影响之人的立场上去想象他最大的需求是什么。要做到 Give and Take（互相迁就），在去影响别人之前，先要满足对方的需求。可以的话找出双方"共通的利弊之处"，如果你想要做的事情正好符合对方利益就再好不过了。

所以我的建议是找到双方共通的利弊之处，然后满足对方的需求。绝不能指责、批评对方，随时都要对人保持尊敬并让对方真切感受到你对他的敬意。

## 为何越谦逊的人越有能力？

为人傲慢没有任何好处。摆出一副高姿态的人就如同狂吠的小狗。这种人贪慕虚荣，心胸狭窄却还极力隐藏，他们取得成功的可能性微乎其微。人是感情动物，有的人会为了自己舒心而去让别人不痛快。如此一来只会树敌更多，交不到朋友。人在这种状态下怎能取得成功？

放低姿态待人友善便不会树敌，支持你的人还有可能会越来越多。当然，也有部分企业家、政客以及运动员尽管态度傲慢也还是取得了成功。但是，如果他们再谦逊一些又会取得何种程度的成功呢？

　　因为也有不可一世之人获得了成功，所以无法一概而论。但如果将傲慢之心展露无遗，即便取得了成功，多数情况下这种成功也不会长久。因为一旦他们遭受挫折，哪怕只有一次，也很少有人会对他伸出援助之手。他本人也会想，事到如今已经不能转变自己的个性而再三逞强，于是陷入恶性循环。

　　也有人在取得成功之后变得谦逊。只要真正成为成功人士，自然就会明白为人谦虚的意义所在。正所谓"稻穗的谷粒结得越多，头就垂得越低[①]"。这是因为成功人士足智多谋，成功之后保持谦虚的态度会让自己左右逢源。某种意义上来说掌权的小人也很有谋略，他懂得该向哪些人点头哈腰。不知是不是反作用，他们会刁难某些特定的人拿这些人来消愁解闷。这一点特别恼人。

---

　　① 原文为「実るほど頭を垂れる稲穂かな」，是俳句。比喻越是有学识和德行的君子，就越谦逊。——译者注

不成功的人出于不甘与嫉妒而摆出一副高姿态来让自己显得有本事。这真是又可悲又滑稽。那么已经成功的人态度傲慢又会如何呢？其结果就是只会招人反感。

多数情况下，成功就意味着自己的自尊心已得到满足。不用刻意去引人注意也会有很多人关注你，也会有很多人来对你阿谀奉承，因此你没有必要再摆什么架子。成功人士如果放低姿态，反而会招人喜欢。身边很可能会出现新的支持者，他们会帮助你迈向下一次的成功。

多数情况下，有谋略的人才会取得成功，正因为他们有谋略，所以成功之后理所当然会放低姿态，从而提高再一次成功的几率。他们不可能故意摆架子，端出一副盛气凌人的样子。经历过挫折并将其经验教训作为弹簧，朝着成功奋斗的人当中虽然也有态度傲慢的人在，但绝大多数人会在取得成功之后而变得谦逊。

但是，严格来说为人谦逊不等于得过且过。要达到谦逊态度能产生的效果，不经过努力取得一定成就是行不通的。一个人因没有任何成就而放低姿态是理所应当的。甚至可以说，为弥补自身能力不足的谦逊其实是一种"得过且过"。

这就好比在职业棒球的世界里,总是用直线投球法的话就会被对方击中。方向往下的曲线球要快才有效果。如果想加强放低姿态的效果,必须在工作上不断积累成果。要让别人觉得你"很努力却为人谦逊",你的谦逊才能收到更好的效果。

## 即使不苦恼也要假装很苦恼

现在的男性都喜欢"一脸苦恼"的女性。这些女性真厉害,她们抓住了人的心理,"一脸苦恼"只是她们的策略。

苦恼的表情从某种意义上来说就是最强的绝招。

日本男性以忍耐为美德,所以多数人在脆弱的时候也会逞强假装没事。我活到现在也同样如此,觉得把内心的苦恼表现出来是很没面子的。正因如此,我没少吃苦头。不过因为运气好,总能在危急时刻化险为夷,但如果自己不去"逞强",我可以更轻松地就把遭遇过的危机变为机遇。

## 第 3 章　让各路强者成为伙伴的"骗人"之术

经验告诉我，不仅是需要帮助的时刻，就连没有苦恼的时候也能表现得很苦恼的人更容易获得成功。这是因为他们更擅长借助别人的力量，巧妙地利用他人的善心，让他人为己效力。我在证券公司工作的时候就遇过这样的人，他做销售，跟我同一年入职。明明销售业绩处于绝对领先的地位，他仍然可以面不改色地到处对老客户说"根本就卖不出去啊，请您帮帮我"。他特别擅长与人打交道，能够制造出一种让人觉得不帮他不行的气氛。甚至有时你会觉得他怎么这么狡猾。我特别佩服他，不知道他从哪学到的这些技巧。

后来进入政界也经历过类似的情形。那时我在帮一位前辈干活，他从未败选过，平常在所属辖区总是到处走访不留死角。在演讲现场，不管是他还是他的夫人，跟每位选民握手时都是一脸快要哭出来的表情，还对选民说"这样下去我会输掉选举"。而选民们的回应也非常激烈，他们眼里噙着泪，脸上的表情似乎在说"别担心，我会帮助你"。

无论是媒体调查还是党内调查都预测他会以绝对优势胜出，也正因如此选举团队才表示"喜讯最后只会让选举团队掉以轻心,陷入危机""中期成绩不代表什么,除去缺席投票还没有人为我投票",极力营造危机感来凝聚团队力量,让支持者感动涕零紧抓着他们不放。

这位前辈一直在获胜,但每次说出"请助我一臂之力""就差最后一步了""已经看得见对手的背影了,但还没有赶超他"这样的话时,支持他的人会比他本人更上心,这一点就连我也能体会到。尽管媒体报道喜讯连篇,前辈仍然不停给支持者灌输危机感。他的"高超演技"甚至会让人不寒而栗。

前辈曾经训过我,让我"不要说会让团队松懈下来的话""要有危机意识",然而看着选举数据我实在很难有危机感。

和他比起来我自己参选时简直太不成熟了。只要媒体报道我领先了,我就会沾沾自喜,对选举团队夸下海口说肯定能赢得选举。如此一来整个团队都开始懈怠,其结果就是被人赶超,每天过着如履薄冰的生活。

支持我的人肯定会认为,既然候选人自己都觉得"胜局已定""那也我们也就无需再继续支持他了""如此自负真不讨喜"。

就此可得出的教训是,收起自己的傲慢之心,正是因为有自信才要假装很苦恼,这样才能让他人来为你助力。

为了不断取胜而毫不吝惜汗水、丝毫不懈怠,并且能够面不改色地假装遇到了麻烦,低下头来求人,这种人才是最厉害的。实际上一脸苦恼也不是坏事,想帮助苦恼的人这也是人之常情。

只是问题在于苦恼到何种程度才最合适。如果你表现得过于苦恼,对方会认为你"无药可救",于是干脆弃你而去。反过来如果你表现得不够苦恼,对方则会觉得"这点事儿自己不会做?别太任性了",并不会对你伸出援助之手。简单来说,你所遭遇的困难是自身实力的 1.5 倍时你可以表现出你很苦恼。不过你的演技会决定最后的效果。前文所述的政界前辈尽管没有苦恼也表现得很苦恼,就是很好的例子。

你要把苦恼表现得恰到好处,让别人认为"光凭他一个人的力量是办不到的,但如果我们拉他一把说不定能帮他渡过难关"这样的程度为最佳。

如果你在关键时刻逞强,认为"没问题""已经渡过了难关"而得意忘形的话,别人会觉得你不可爱。因为他们就是想看你在遇到困难时那张苦恼的脸,就是想帮助你渡过难关。尽管面对的是很难相处的人,但随时都能向对方表达"我很苦恼"的意思是一项非常重要的技术。

## 淡然处世之人才能笑到最后

**得志淡然,失意泰然**

我最尊敬的人是我的家人,除此之外我最尊敬的、教会我很多的就是政界的老前辈们了。值得尊敬的前辈有很多,其中排在第一位的就是参议院自民党的大腕青木干雄先生了。虽然曾经因为不少事情对青木先生有过抵触情绪,而今离开政界,客观地回想他对我的教诲,感激之心便油然而生。

我印象最深刻的一句话就是"不以物喜不以己悲,淡然处世之人才能笑到最后"。

青木干雄先生从各种意义上来说都是我的老师,所以请允许我叫他青木老师。青木老师为人极其淡泊。我30

多岁的时候就进入政界,那时的我精力过于旺盛,虽然大家都认为青木老师是大腕,但我总觉得从来没有表情、不回答媒体问题的青木老师名不副实。

然而,现在的我却认为青木老师的淡泊飘渺正是他的强大之处。这正是他在离开政界后能力不曾减退的源泉。青木老师达到了得志淡然、失意泰然的境界。政界里每天都上演着权力的斗争,身在政界会遇到好事,也会遇到坏事。遇到好事要沉得住气,相反遭受打击也要坦然处之。只有这样,你才不会"迷失自我"。

我刚有了一点媒体关注度,开始参与综艺节目和谈话节目的时候,青木老师对我有些看法。他提醒我说,"靠那种东西就算吸引了别人注意,跟你在政界的实力也毫无关联。总有一天你会沦为被他们利用的工具遭到他们的算计"。青木老师尽管如此有名也绝不和媒体有任何瓜葛。很多媒体希望采访青木老师,他不会拒绝,并且会礼貌地回应媒体,但他不会给出任何实质性解答。

那种安定的感觉正是老师能够常青不衰的秘诀。作为一名政治家,他不去博取关注,不上任何媒体,生活一切从简,喝的酒从做秘书时期起就从未变过。寒暄中不会有多余的话，也不会透露出骄傲的意味。因为实力雄厚而常常成为他人无中生有散播流言的对象，但我从来没有见过老师因此而变过脸色。

老师从未与我谈及具体的政策或是日本的发展方向等话题，这一定是因为他不希望自己的观点经某个不知名的年轻后辈泄漏给媒体。又或者是老师早已看清，结束权力斗争的攻防战，各方势力相互妥协达成一致，这便是日本应前进的方向。

**"男人的嫉妒"是最大劲敌**

我还学到了另一点，那就是"没有比男人的嫉妒更可怕的东西"。从政之前，我一直以为嫉妒是女人的专利，然而这个很难靠数字决胜负、聚集了大量渴望权力的男性的政治世界，才是嫉妒型社会的典型代表。曾有人对我说："这个社会最容易遭受嫉妒的就是'年轻'。但是只要年轻就有等待的资本，只要等待，别人就不会那么嫉妒你。你年纪轻轻就当上了政治家，一定要多加小心。"

某次与前辈们一同进餐，我真切感受到这一点。一个经常上电视的年轻政客成了餐桌上的谈资。"那家伙就是因为说了党和党内身居要职的议员坏话才有媒体报道他。被媒体利用了也不知道,得好好教训教训他。"另外一次,我还碰巧听到前辈们在指责某位内阁大臣,那位大臣来自民间,虽然不是政治家,但因受到总理赏识所以进入了内阁。前辈们怒气冲冲地说:"不就是个光会说漂亮话的学究吗?别自以为能够统筹党务,看我们不收拾你。"仅当选过一次议员便进入了内阁的某位女性议员也成了他们憎恶的对象:"既没有政绩又没有党的基层工作经验,怎么就进内阁了?看她在议会答辩上遇到刁难怎么办,我们才不会出手相助呢。"当时大家都没有想过自民党会失去执政党地位,所以比起与在野党进行的党外斗争,党内斗争更为激烈。大家都一个劲地拖自己嫉妒的人后腿,欺凌现象也非常严重。

这样的党内斗争根本就是忘乎所以,全国人民也注意到了这一点,大家对自民党十分不满,于是放弃了自民党,之后便发生了政权交替。当时的我怎么也没想到会有这一天。如今自民党已汲取了教训,不会再自乱阵脚。

另外,青木老师还教导我:"不管你在某个领域多么优秀,你都要谦让你前面的即使是不如你优秀的人先走(先出人头地),然后自己再走。就算你让了他们也仍然比他们年轻。这样一来到最后大家都会拥戴你。"

我对此的理解是,正因为年轻,所以才要学会"忍"和"等"。

只怪当时的我太着急,总想着时间紧迫,自己一定要快点成长起来。尽管得到了那么多可贵的建议,但都没能做到。不过,现在的我只要想起有着丰功伟绩、仍在这个雁过拔毛的政界里屹立不倒的掌权者青木老师,我的耳边就不禁回荡起那些他曾经告诉过我的人生箴言,心中满满的都是对老师的感谢,今后我会铭记这些箴言好好活下去。得志淡然,失意泰然,警惕男人的嫉妒,将"等"与"忍"看得比"争"更重,我会怀着这样的淡泊之心走完人生。

## 两年来销售业绩为零的我能做到全公司第一的原因

### 业绩即人格

我踏上社会的第一步便迈进了山一证券的大门,在公司里宇都宫德治前辈教会了我业绩的残酷性。我在泡沫

## 第 3 章　让各路强者成为伙伴的"骗人"之术

经济时期进入了大学,父母供我读书。泡沫经济时期本来整个社会就很浮躁,再加上我念了庆应义塾大学研究生院的 MBA,第二年还去了法国留学,头抬得越来越高。而毫不犹豫灭了我嚣张气焰拯救了我的,就是宇都宫前辈。

泡沫经济时期的就业情况好到你根本无法想象。同一级的很多同学都同时拿到多家名企的聘用通知,费尽心思想着该如何拒绝。即便是成绩平平、不太会英语的学生也会有许多企业抢着要。我选择的路稍微不同于主流,因为暂时还不想踏入社会,于是选择攻读当时开始流行的MBA,踏进了庆应大学研究生院的大门。

虽然学习非常辛苦,但最刺激的事就是听一流企业派来的一流员工来给我们讲他们的工作。我在学校的成绩基本上排倒数,但多亏了善良又优秀的老师同学们帮助,我总算是毕了业,而且在读期间第二年还去了法国的商学院交换留学。

说到底我的商务知识还仅停留在教科书的层面,但那时的我就以为自己"什么都懂了,要狠狠地赚上一笔",感觉自己就是泡沫经济时期的骄子。那时的自己完全已经"得意忘形迷失了自我"。我去交换留学的法国著名商学院里都是来自世界各地著名商学院的留学生，大家当然会一起讨论将来的发展道路。"取得了MBA学位后最赚钱也是最有趣的工作就是进投资银行，而投资银行中最好的就是负责并购公司的M&A部门。"这是多数学生的共识，而实际上成绩排名在前的人也都去了投资银行M&A部门。

回国后，尽管我找工作的准备已落后别人一大截，但后来还是很轻松地拿到了名企的聘用通知。如上所述，我最终选择了日本M&A事业的引领者山一证券。在与人事部长面谈时，我明确表示，"如果不把我安排到M&A部门，我立马辞职"，这得到了对方的保证。

当时，山一证券M&A部门在各个分部销售业绩喜人，如果不是会计师、律师、不动产鉴定师等有特定技能的人就无法进入这支精英团队。把我分配到这个部门也属于试验性举措。说实话，当时我小看了这份工作，觉得自己很快就能出成绩。然而，我没有想到现实是如此的残酷。在商学院的学习虽然很有意义，但我还做不到马上就能灵活运用学过的知识，人生可没那么简单。

那个时候的证券公司甚至流行着"业绩即人格"的说

法。无论是谁,只要取得了优良业绩就会受到崇拜。相反,不管你学历有多么高人有多么好平时多么努力,只要没有业绩身边的人就会把你当"无可救药之人"来对待。更何况我没有在分部做过销售,别说股份了,连实物我都没卖过,就这样傲慢地进入了企业并购的世界。

那些艰苦奋斗的日子里,每天都要和掌有公司买卖大权的顶层人物会面。一开始我连跟他们预约见面的电话都不会打。总算勉强撑到见面了,结果又因为说错话差点被泼一身茶水。对方可是克服了重重困难才把公司经营到现在,一个毫无工作经验的新人突然跑来对他说"把公司卖了吧",对方肯定会火冒三丈的。

虽然自己没有灰心丧气,也按自己的方式不断努力着,但两年来的业绩一直为零。

其残酷性相信有过证券公司销售经验的人都会懂得。办公室墙壁上挂着每个人的名字,名字上面还有柱状图来显示每个人的业绩。只有我的名字上面没有"柱",只有一条横轴。两年一过,前辈们的柱状图像高楼大厦一般,业绩十分惊人,而我的业绩依然为零。那个时候的我每天都在屈辱中度日。每天上班都会看到业绩柱状图的那种悔恨，我至今无法释怀。

突然有一天，一位没怎么跟我说过话的大前辈宇都宫先生找到我说："看你没什么长处，就长了一张运气不错的脸，要不试试到我手下工作？"宇都宫前辈在札幌分部名声可不小，他业绩斐然，据说历代分部长都要敬他三分。我就抓住了这根救命稻草。

他对我说："听好了，想要在证券公司占有一席之地只能靠业绩。多创造业绩，多想想领导怎么看你。虽然也有人品和缘分因素，但领导只在乎'你是否取得了优良业绩'。只有一次好成绩还不行，他们要的是值得信赖的、可以持续创造业绩的人。所以，你需要想办法提高创造佳绩的几率。不过在公司里大家都是竞争对手，谁也不会教你该怎么做。你只能自食其力，开辟出一条道路来。但考虑到你完全没有工作经验，这样的竞争对你不公平，所以我来教教你。"于是他开始锻炼我。

### 只为自己着想则会得不偿失

从那天起，宇都宫前辈以数据和经验为基础，举出通过自身努力而谈成的案例,来教我应该如何选择可能发生企业并购的行业、如何寻找有出售意愿的企业、做销售时应如何与人交谈。前辈还苦口婆心地教导我:"如果你光想着提业绩,对方就能察觉出你只为自己着想。如果想要出成绩,就要随时替他人着想;如果想要出成绩,即使绕远路也要先忽略自己,站在对方的立场时刻考虑对方的想法。"

此后,我开始用企业经营者的观点思考问题,孜孜不倦地寻找有并购意愿的企业,与企业顶层人物见面,站在他们的立场上说服他们,一路坚持下来我竟然从前两年的零业绩做到了后两年的全公司第一。

我从宇都宫前辈那里学到了很多,其中最重要的一点就是"要学会从上往下看"。作为下属不要从下仰望上司,而要从上司的视角来看自己。

现在的自己是否对上司起到了帮助作用?上司是否信任自己?上司对自己有何期望?自己是否达到了这些期望?

如此一来只要做出成绩就能得到认可,这是我学到的很重要的一点。其次就是与他人竞争时不要焦躁,努力想办法让自己能够持续创造优良业绩。再来就是时刻都要站在他人立场上多为他人考虑。这些都是前辈教会我的。踏上社会第一步便进入了业绩代表一切的公司，我认为是非常有意义的。

## 时刻保持乐观

**胸怀大志才有前进动力**

近来对我影响较大的人物是一位美籍女性企业家希拉·马塞洛，她创立的公司仅用了6年时间便在纽约证交所上市。她的雄心壮志令人惊叹。

她创立的公司名叫 Care.com。公司提供着全球最大规模的保育、家政、看护人才在线匹配服务。举例来说就是通过网络实现想找保姆的人与想做保姆工作的人之间的连结。

日本曾发生过网上找来的保姆害死两岁儿童的事件，而 Care.com 为防止此类悲剧采取的做法是将保姆的职业资格证、年龄、从业经历等进行实名制公示,当然也包括正脸照片与联系地址。保姆的空闲时间也有所显示,因此用户可根据需求来就近选择满意的保姆与合适的服务时间。

不仅是保育,家政、看护服务也同样可以根据需求就近选择有实际经验的服务人员与服务时间。

如今该网站的用户已超过1000万人,遍及16个国家。希拉表示,她的目标是将Care.com打造为"家庭服务版亚马逊"。

我和希拉相识是在某次世界级国际会议上。我演讲的主题是日本人口的老龄化,她对此很感兴趣。在了解了她公司的业务之后,我就对她说:"您的公司应该进军日本市场,日本是唯一一个富裕之后老龄化问题越来越严重的国家。"她接受了我的建议,现在正在商讨进入日本市场的相关事宜。

希拉在大学时代就是两个孩子的母亲,她就读的美国的一所文理学院同意她一边养育孩子一边上学。就在同一时期,她的父亲又因为心脏病发而倒下。这使得她陷入了又要看护老人又要照顾孩子的窘境。她意识到要找到一个能在自己需要的时间、地点来照顾自己的父母和孩子的人非常困难，于是为解决这个问题她开始了创业。

尽管公司业务投入了互联网技术，但其业务内容与看护、保育等质朴的工作挂钩，因而美国风投界人士认为"它不是一项有吸引力的事业"。然而该网站帮助了许许多多的人从而实现了迅速发展，受到了进一步的关注，现在还顺利地在纽约上了市。

**备受信赖的根源**

我作为公司的战略顾问，与希拉可以说是同甘共苦的战友关系。跟她相处我深刻体会到了女性的坚忍不拔与做人的云淡风轻。不管遇到什么事，她都能镇定自若。有了好消息，她会露出明朗的笑容，积极乐观地去对待。然而通常她的表情都比较僵硬，脸上似乎写着"一开始或许是个好消息，但是不到最后不知道是否会有好结果"。

即使遭遇阻碍，她也会坦然地展露微笑，好像在说"人生不如意十之八九，做生意也肯定会遇到困难"。表面云淡风轻，内心却乐天开朗。尽管曾经身兼照顾父母与小孩的重担,她仍然建立起了自己的事业,还实现了公司上市、进军国际市场的目标,这背后起支撑作用的就是她那份云淡风轻与坚忍不拔。

希拉开朗且稳重的人物形象正是她备受信赖的根源所在。毕竟是创业,资金周转以及公司信用方面的困难在所难免,但即使是在困难接连不断的时候,她的稳重与乐观也能为公司指明出路。

另外,虽说这是一家创业公司,但也是在纽约证交所上了市的公司,不过它完全没有典型美国企业里容易发生的公司权力斗争。所有员工都将公司的使命铭记于心,他们为了让全世界都享受到公司的服务而专心致志地做自己的工作。

无论在东方还是西方,一些男性企业家因为充满天赋和能量,精神上存在着一种跌宕起伏的类似于情绪不稳定的现象。然而希拉身上那种女性独有的韧性与淡然让我对企业家有了好的印象。正是这样的她才让公司在成立6年后迅速上市,这也证明了即使没有男性的那种强劲,也能够让公司业务快速扩张。

创业后不久,希拉身边便汇集了知名投资人以及哈佛大学的 MBA 等能人志士，这都归功于她的人格魅力。虽然她工作繁忙，但她仍会抽出时间与下一任美国总统的有力候选人希拉里·克林顿亲切往来，一同参与支援女性进入社会工作的活动。她虽然广泛参与各类活动，但从未忘记初心。

这位女性用全新的观点去看待照顾老人与小孩带来的"劳累"，在她眼里这就是商机，她的事业也扩大到了全球规模。我们能够从她身上得到巨大的启发。

## 学会用"嘲讽的眼光"看待事物

新加坡前总理李光耀教会了我一个道理："为人坦率、纯粹、耿直"是行不通的。他告诉我："看待事物要时刻保持嘲讽的眼光，这能够让你不犯糊涂长命百岁。"

我曾多次有幸与李光耀前总理见面。我们曾在出席同一场国际会议等待出场时亲切交谈，还在新加坡滨海湾金沙酒店顶层一边观看 F1 赛事一边把酒言欢，喝的还是新加坡引以为傲的虎牌啤酒。

他说话真的很尖酸刻薄。不过,因为他随时都在应对残酷的现实,所以看待事物的目光如此尖锐也是理所当然的。曾经,资源丰富的马来西亚认为新加坡就是一个资源匮乏的小渔村,因而舍弃了这块土地。在此种情况下,李先生虽然茫然无措,但仍然咬紧牙关与全国人民团结一心,用50年时间将新加坡建设成为超越日本的亚洲最富裕的国家。新加坡国土面积与日本淡路岛①面积相同,人口数量与广岛县人口总数相同,然而在李总理的领导下新加坡人均GDP超越了日本,成为富豪人口密度最高的国家。有着如此丰功伟绩的李光耀先生作为一名国家元首的同时,还可以说他是能够与史蒂夫·乔布斯等世界级企业家相媲美的国家缔造者。

　　李先生现已年过九十,却仍然有着一颗"坏心眼"。

　　从政时期第一次与他见面时他问我:"你叫田村?田村这个姓氏在日本可真多啊,难道政治家身份也是世袭②

---

　　① 日本濑户内海中最大岛屿。北为明石海峡,东为纪淡海峡,西南为鸣门海峡,南为纪伊水道,西临播磨滩。面积593平方公里,包括所属小岛共596.4平方公里。——译者注

　　② 世袭政治,从世袭政治中培养子承父业的世袭议员,再从世袭议员中挑选出首相或制造出"祖孙首相""父子首相",这是战后半个世纪以来,日本政界和议会特有的一道风景。——译者注

来的?"当时的我以非世袭为傲,而且外国政客都会因为这一点而赞赏我,所以我自信满满地回答道:"不,不是世袭。"

听到我的回答后,李光耀前总理的脸顿时变得阴沉,他毫不客气地指出:"那你可当不了首相。在日本不是世袭的政治家可当不了首相。"

我当时觉得李先生"一上来就说人当不了首相,真是无礼",然而他的话确实有理有据。在李光耀前总理的眼里,政治家的三大重要武器,即选区、名气、财力,对于讨厌变化的民众来说仍能发挥作用,而且这种作用不会发生改变。

的确如此,能成为日本首相的都是世袭的政治家,当然也有非世袭的政治家当了首相,但都做不长久。如今稳定了日本政局的安倍首相就是世袭,安倍政权中重要的内阁成员也多为世袭政治家。世袭的好坏暂且不论,但不可否认的是政界的人事采用世袭制更能稳定局面。

近来,李总理对日本的看法也非常严苛。在最近的一本著作中他写道,"如果我是一个会说英语的日本青年,我不会留在日本",对日本的未来甚为悲观。若是断章取义,你或许会认为他的话太刻薄,但如果你读了上下文就会发现他的分析头头是道,虽然不甘心却不得不认可他的观点。他认为日本如果继续在纯血主义①的道路上执迷不悟的话,日本人口将不断减少,国家将会老化,国力将会衰退。

尽管李光耀前总理已年过九十,前去拜访他、向他寻求建议与对未来看法的世界各国政要仍是络绎不绝。对此我非常惊讶,于是有一次冒昧询问先生:"您如此高寿为何却仍然言辞犀利?"那个时候先生的笑容里满是诙谐,他回答我说:"不管谁说什么都无条件地去顺从、去相信,那确实很轻松,因为那样做不费脑子。但是,用嘲讽的眼光看待事物对大脑才更有益,因为大脑是人体内唯一越用越好的脏器。"

从那之后,不管是媒体的报道还是知识分子的观点,我都会抱着怀疑的态度去思考"这是真的吗"?

本书中的观点或许也比普通观点更具嘲讽意味。其背景中包含着李光耀前总理教会我的道理,即"看待事物要时刻保持嘲讽的眼光,这样才能让大脑更加灵活"。

---

① 主要指不轻易接受移民。

# 第4章　权力与评价的紧密关系

## 上司为何不关注你？

你是否曾经满腹抱怨，心想"部长什么都不懂""下达这种指示他到底在想什么""他为什么一点都看不到我的努力呢"。

我也曾经如此。在我还是普通员工的时候，我总觉得课长和部长都没有才能。站在下属的立场对上司进行一整天的观察就会发现，他们工作上考虑不周到的地方要多少有多少。别人邀请他们去吃饭，他们经常会说"真烦人"，而且他们从不主动跟下属打招呼。我也因此曾认定他们"缺乏与人沟通的能力"。

与同事、前辈喝酒,我们还说了醉话,"上司偏爱那家伙,真不公平""他只在乎他的上级,唯马首是瞻"等等,傲慢地对上司指指点点。

众多下属站在下级的立场同时观察上级,很容易发现他们工作上的破绽。如上所述,因为存在这种为了泄愤大家一起说上司坏话的情况,所以下属对上司不好的看法很容易散播开来,大家对上司的抱怨也会越积越多。毕竟有10个下属,就有10双不同的眼睛随时都关注着他。

然而,一旦你成为上司有了自己的部下,你就会明白同时关注并公平对待众多下属是很难办到的。一旦成为上级,你就要用仅有的一双眼睛去看10个下属。这种情况下是做不到对下属一一关注的。

再加之有下属就意味着你要对关系到下属前途的整个部门负责。多数情况下部门上下级休戚与共,而上司对业绩负有重大责任,故取得好业绩的需求比得到下属好评的需求更为迫切。另外,想要做出成绩需要利用好人脉关系。因此,信息的收集与调整离不开与上级联手,这就要求他与在普通员工看来高不可攀的高层人士搞好关系。

如此一来，即使是曾经一味抱怨上司的人，只要他自己升职成为别人的上司之后他就会明白个中艰辛。正因如此，在对积怨已久的上司指指点点之前，首先模拟上司的立场进行换位思考，这一点非常重要。

本书反复强调，无论身处商界、政界，还是在外交场合中，学会设身处地换位思考才能"百战不殆"。要想改变自己，不再因为不喜欢他人对待自己的方式而心怀不满，你首先就要学会换位思考。

以前，上级对下级只需要下达单方面的命令即可，而如今这样做的话下属很可能会认为"这是职权骚扰"，甚至会想"这是家黑心企业，我不干了"。因此，上级在与下级的相处中也须格外谨慎，同时还要调动下属的工作积极性，与下级相处的辛苦程度丝毫不亚于与上级相处。即便如此，大多数业绩不够好、不努力展示自己能力的下属仍然会闹别扭，责怪上司"对自己不理不睬"。

如果希望得到上司的好评，你就要认识到你的上司夹在上下级中间，他疲惫不堪，同时还肩负着业绩重任，你需要去设身处地地思考上司希望下属做什么。

他可能希望你"拿出实际业绩"，可能希望你"协调部门内的人际关系",也可能希望你"在更高层领导面前为我美言几句"。接下来你就需要思考这些事情当中,哪一件是自己最能做出贡献的。你可以"发奋工作让部门多赚几笔",也可以"邀请上司与部门里关系不好的几个同事一起去喝一杯,就算不能重归于好,至少也要创造一个大家能够更加努力工作的环境",还可以"在高层领导面前委婉地为自己的上司美言几句"。

话虽如此,因为人的能力各不相同不能妄下定论,但在大多数情况下,上司对普通员工的要求还是拿出实际业绩,而非有难度的人际关系协调工作。通常情况下,前者比后者更容易完成。正因如此,下属应该努力工作,拿出能让上司喜笑颜开的实际业绩。

其次,向上司展示自身能力也很重要。丢掉"只要我努力总会有人看到"这种幼稚的想法,要抬头挺胸地向上司展示自己的业绩。如上所述,你的直属上司只有一个人,下属可以一直关注他,然而他手下有众多下属,他没有办法去一一关注。

你应该转变"上司一定都看在眼里"这种天真的想法,要认为"他可能没有注意到",积极向他展示自己。你要清楚地让他知道"我在哪项工作中发挥了多大的作用""这项业绩中哪个部分是由我完成的"。为了能让上司细致并准确地知道你的努力,你需要勤勤恳恳地以报告的名义详细地向他展示。

## 职场上受好评与不受好评的人

### 为什么得志的总是别人?

明明业绩好的人是我,但升职快奖金多的却是别人。和别人比较,自己总会感到焦虑,"明明自己更能干""为什么受到器重的总是别人"。

实际上,对待擅长钻营的人,我们不应该憎恶,而应该向他们学习。在政界见识过许多擅长钻营的人之后,我开始这么认为。我在刚成为国会议员时太过天真,心中也没有信念,那时候见到有人巴结掌权者就会打心底鄙视那些人。

然而,从某一刻起我退后了一步去观察他们。既然从了政，不实现自己心之所向的政策那就失去了从政的意义。如果说实施政策需要权力支撑，那么不去主动接近权势，从政也就毫无意义。这样思考的话，你就会觉得那些见风使舵追随权势之人的举动合情合理。

执政党里曾有一位前辈为人处世展露出一种"武士不露饿相①"的山野武士气息。曾有过一段时间我特别仰慕他那种心怀信念与世无争的心境。但是，我注意到这位前辈一无所成，这也是理所当然的，所以我意识到与有权有势之人搞好关系非常重要，那是实现自身抱负的必经"过程"。

擅长钻营的人，实际上是非常努力的人，他们是在为博得他人好感做准备。有权有势之人对前来巴结的人司空见惯，因此平淡无奇的巴结方法不会有任何效果。你要绝对忠诚于他，忠诚到让人瞠目结舌的地步才会成为"讨喜的家伙"。

还有人在时间、兴趣、爱好方面彻彻底底地去迎合权势之人。不管自己有什么事情，只要对方邀请，他都会满

---

① 原文为「武士は食わねど高楊枝」，直译为武士即便穷得吃不起饭也要假装刚吃过的样子悠闲地使用牙签。——译者注

脸喜悦地前去赴约。在政策方面也是如此，即使与巴结对象在经济政策、外交政策等方面取向不同，也会竭尽全力去接受对方的倾向。对方的兴趣是打高尔夫就陪着打高尔夫，对方喜欢喝酒唱歌就算自己不擅长也会奉陪到底，而且还不只是单纯的陪伴，在陪伴的同时还会阿谀奉承，巧妙地让对方心情愉悦。

虽然这样的说法不太好，但是如果你对谁抱有嫉妒之心的话，那或许是因为你对有权有势之人巴结得不到位。

## 在高尔夫球场上和KTV里做一个讨喜的人

面对身强体壮的年轻人，上了年纪的人本来就有自卑情绪。实际上，高尔夫球场就是训练如何让对方获胜的最佳场所。和好朋友一起打高尔夫或者假期为了放松打高尔夫，竭尽全力尽情享受就好。但如果是与对你来说十分重要的长辈一起打高尔夫，那情况就有着本质上的区别。

与长辈一起打高尔夫有一种风险就是，如果你球技太好，有可能下次就不会再有人邀请你。在KTV同样如此。如果你唱的歌是长辈不知道的，或者长辈知道但不会唱的，而且还唱得很好大家都为你喝彩的话，可能下次就不会再有人邀请你了。

即使是在休闲娱乐的场合，如果你天真地与人进行正面较量并且获得了胜利，那只会让人对你心存怨念。你应该彻头彻尾地做一个"讨喜之人"。尽管年轻体壮，但还是会挥空杆或是打出界，这样长辈们就会说你"虽然力气大，但是球杆碰不到球啊""球飞得不错，但是方向不对啊"，你才会成为他们眼里可爱的家伙。在KTV里要是长辈面带笑容地说你"声音很洪亮，舞也跳得好，但是音准和节奏感不好啊"，那才是好事。

做事情做到这种程度，有人觉得羞耻，有人觉得圣洁，这便是命运的分水岭。我曾经是前者，但在离开政界回首往事时，开始觉得那些为了奉承他人而不懈努力的身影是圣洁的。他们有理想有抱负，一旦机会来临，不管别人怎么看，他们都会誓死效忠能够给他们机会的人，并由此获取权力。这样做并不肮脏、狡猾，反而是圣洁的。能够做到如此地步证明了他们的"真心"。有的人认为这样做"颜面无存""下流肮脏"，耻笑、憎恶、批判这种做法。我虽然理解这种心情，但我也想反问一句"你们是真心诚意地想要实现自己的理想抱负吗？"

在你抱怨"受表扬的总是那家伙，真不甘心"之前，反省一下自己是否为了自己得到高于他人的评价而全心全意地付出努力，是否因毫无意义的骄傲与虚荣之心而束缚了手脚。

即便是没有好感的人也不要去讨厌他，而是要学习怎么样才能让他喜欢你夸奖你。不要树敌，而是要灵活利用对方的能力来实现自己的目的。你如果想做出成绩，就不要在意别人的眼光，真诚地学习成功人士的一切。当然，如果你想过的就是活在他人眼光下、只顾解一时之气的生活那就另当别论了。

## 如何正确对待不得已的人事变动

**控制期望值的技巧**

分配给自己的工作与自己想做的完全相反，想要在大城市拼尽全力却被发配到地方城市。在一个组织里会遭遇各种各样没有道理的事,其中之最就是人事变动。

说到底,世间的"人事变动就没有让人称心如意的",你要这样去想。人事变动能让人称心如意的可能性小之又小,这是因为如果听取每个人的意愿那人事工作就无法开展。而且,对本人来说什么样的工作才是最佳的、最合适的,安排方与被安排方都没有完美的答案。说到底,对于人生阅历与工作经历不足的人来说,他期望的岗位对未来的发展有多大的意义他自己也无法判断。再者,经历人事变动之后,对未来发展的意义也会随着时间发生变化。

首先,将不必要的压力降到最低的方法就是控制期望值。我们没有必要完全舍弃希望或期待,但不要对人事变动抱有过大的期望。只要提前设想出最糟糕的情况,基本上就能将事物控制在最好和最坏之间,即使遭遇了不合心意的人事变动,你受到的打击也会降低。不管是人事还是待遇,走在人生路上控制期望值是很重要的一件事。

与控制期望值同样重要的还有"不管去哪不管做什么,都要做出成绩,实现自身发展"这样一种态度。人事负责人会把这种态度视为一种"气势气场",他们会觉得"嗯,这个人或许值得公司去培养",于是如你所愿,让你去想去的部门工作。他们也可能会想"要给他一些磨练",于是让你去经历能够帮助你成长的艰辛困苦。

如果你闹情绪,"除了自己想去的地方其他一概不愿意",或者透露出"反正像我这种人肯定不会如愿以偿"这样一种自暴自弃的情绪,人事部门就会认为你"这家伙已经无药可救",不会再给你任何机遇或者发展的机会。

尽管是不如人意的人事变动,也要学会从中找到乐趣或是发展机会然后全力以赴,等待转机的到来,这才是对待人事变动最正确的态度。如上所述,经验不足之人心目中的理想岗位基本都是时代潮流或者以往晋升模式的产物。销售岗、国际业务岗等等,如果是一早就发现了自己擅长的技能、为了进一步发展这一技能的人希望进入相关部门工作的话情况还算好。如果是这种情况,要想顺利得到期望的岗位,在面试时或者进入公司后的研修期间做好准备工作、讲明情况非常重要。

然后,如果年轻员工要向公司表明岗位意愿的话,有两个前提需要注意。

- 认为是自身优势的地方一定要达到能够让有多年阅人经验的人事主管心服口服的程度。

• 要做到站在公司的立场,条理清晰地说明自己进入相关部门后如何立刻发挥作用、如何帮助部门获取利益,避免让人事主管以为这只是你一厢情愿的想法。

如果做到了这两点也未能如意,那可能是因为公司认为你的优势不够明显,也可能是公司对你的优势看得更宽泛更长远,希望对你进行长期性的磨练。

不管是哪一个原因都不要悲观失望,重要的是做好眼前的工作,踏踏实实做出成绩,实现自身发展。

**意志消沉是对人生最大的浪费**

在你迄今为止的有限生涯中,尽管公司分配的工作部门不在自己的目标范围内,但你也有可能在这样的部门中出乎意料地喜欢上自己的岗位,又或者是找到更能发挥自身才能的工作与专业领域。

意志消沉是对人生最大的浪费。不仅时间成本耗费巨大,而且意志消沉就等于不善待人生。所谓的"理想岗位",只是经验不足的自己臆想出来的连自己都不知道有无意义的东西,意志消沉只不过是沉湎于臆想的产物罢了。不管怎样你都应该积极主动地聚焦于自己的目的与自身的发展，在分配的工作环境中竭尽全力。

观察四周你会发现尽是不合逻辑之事。世间与公司都并非如你所想那般公平公正，环境只能靠自己创造。你只需主动且踏实地做出能够撼动人事部门的业绩便无须忧虑。不过多数情况下，相较于从零开始、自己建立一个理想的组织，还是在目前的组织里做出实际业绩、积极主动地去改变目前的环境更为轻松。

不要因为人事变动不合心意就意志消沉、辞去工作或者将不满情绪写在脸上。在现在的岗位上做好眼前的工作踏踏实实地做出业绩，保持充分利用机会实现自身发展的态度并付诸行动，这样你的路才会越走越宽阔。

## 如何让流于形式的会议变得有意义

### 不见成效的国会

流于形式的会议才是工作中最大的时间成本。读到这里你或许也会想起曾在各种各样的场合下，自己有过

"开这种会议就是在浪费时间"的念头。

其典型代表就是国会。会议一直在开,然而会上的讨论几乎没有得出过有益于国家利益的建设性成果。

不过,当然也不能说所有的会议都毫无意义。比如在审议某项法案或预算案时发生了重大事件或事故,对舆论甚为敏感的政客们会对法案或预算案的内容进行修正。另外,在野党以及执政党内反对派中有真心诚意为国家谋利益的优秀议员,有时经过他们的追问,法案及预算案的部分内容也会有所调整。这些都是召开国会会议才会发生的事。

然而,如今自民党公明党联合执政,在众参两院中执政党能够稳定地保有过半席位。在此种情况下法案提交至国会时早已完成了执政党内审议,故基本上已成定局,执政党肯定会投赞成票。因此,在国会上进行审议,法案通过与否及其内容基本不会有任何变化。也就是说,国会会议召开之前就已经得出结论,召开会议只是为了留下证据证明他们花费了时间进行议论。会议浪费了议员大量的时间。顺便一提,投入到每位议员头上的公费金额约为 4 亿日元,可想而知召开国会是多么大的浪费。

对于既不能参加执政党内审议又不能参加政府内部议论的在野党来说，一显身手的唯一机会就是在国会委员会以及全体大会上对政府和执政党进行追问。因此，对在野党来说国会审议大会是最为重要的展示机会，但他们在会上往往不会考虑国家利益，而是借会议来追问执政党议员与阁僚的丑闻以及向自己的选区宣示"我们在努力工作"。如此一来对一丝不苟的执政党议员与阁僚来说在国会上的时间浪费实在难以忍受。如果对现任国会议员尤其是执政党议员进行匿名问卷调查，肯定会有绝大部分人回答开会是在浪费时间。

我任职执政党议员之时，委员会委员、理事、委员长都担任过，那时很厌恶参加国会会议，甚至厌恶到想要讨回那些宝贵时间的地步。明明已有结论，却还要召开会议来为在野党追究丑闻以及吸引选民提供方便，这让我们损失了多少制定政策、进行海外视察来为国家利益做贡献的时间啊……

执政党与在野党的议员都经历过此种浪费时间的会议才成为了干部，在他们的指示下不得不参加委员会的中下级议员非常痛苦。日本国会中存在法定人数的规定，参加全体大会时担任委员会委员的议员人数不得低于总人数的三分之一,参加委员会时不得低于半数,否则在野党将阻止审议进行。因此,议员们必须一直坐在座位上听那些既无益于国家利益又无益于自身政治发展的议论。国会议员工作繁忙的根本原因实际上就在于此。

阁僚的情况更为悲惨。众参两院从周一到周五几乎全天都在召开委员会,他们必须要回答各种各样的问题。为了不出纰漏还需要事先磨合调整,也就是说在会议之外也会耗费大量时间,或者起个大早或者熬到深夜。如此一来日本各个省厅①的长官则失去了大量宝贵的时间,日本政局则会变为官僚主导。在野党在追问执政党时像是申请了专利一般经常使用的口号是"某某大臣!您这可不是政治主导而是官僚主导的作风啊。领导能力有所欠缺!"然而讽刺的是,正是他们的咄咄逼问夺走了诸位大臣在各自的部门里发挥领导作用、谋划国家政策的时间与精力。

政治新闻中我们有时会听到诸如"该法案的审议时间长达70小时"这样的报道。多数情况下这70个小时的审议里包含了大量与该法案无关的提问以及反反复复让人

---

① 省厅,相当于中国的部委。——译者注

听了想反问"你到底有没有认真听之前的审议"的类似提问。因此，审议时间的长短并无多大意义。

**避免参加会议的技巧**

言归正传，我们继续来谈"消灭流于形式的会议"这一话题。会议的种类有许多，其中大多数都是为了共享信息而举行的由与会者提问的会议、为了制造证据证明得到了大家认可而举行的会议、为了让员工与员工之间交换意见或者是向员工征求意见而举行的会议，这里我们集中谈论第三种会议模式（因考虑到前两种会议几乎是不可能靠一己之力阻止的，关于这两种会议模式的应对方法会在本节末尾阐述）。

我目前担任美国一家上市公司的战略顾问，在会议问题上我的经验很能派上用场。虽说是上市公司，但这家创业公司从成立到上市只用了6年时间，这不得不让人称赞创始人强大的领导能力与雷厉风行的办事风格。来到这家公司后，我感觉自己在国会里已经生了锈的临场判断能力与决断力再一次得到了锻炼。公司CEO工作出色，判断迅速，绝不会浪费时间。

因此，在公司里如果没有特别重大的事情就不会有会议召开。公司里所有人都有着这样一种意识，浪费时间成本将导致在竞争中败北以及发展速度减缓等后果。另外，公司业务遍及全球，公司内部相关人员之间存在时差，即使同在美国，由于国土面积庞大，时差问题依然存在，所以很难将大家的时间凑到一起。

避免毫无意义的会议，其秘诀就是首先要将信息彻底传达给相关人员。开会还有一个目的，那就是收集来自与会人员的信息，因此你只要将相关信息详细转达至CEO及其周围的人，他们就会认为"就算把人叫来也没有别的可以问了"。

再者，CEO及其周边人员对你提问时，尽你所能迅速且郑重地作答。面对自己管辖的业务方面的问题，回答要准确，做到在自己知道的范围内不让决策者抱有任何疑问的程度。

如果遇到自己很可能会被叫去开会的情况，那么你需要在事前彻底回答他们想问你的问题，而且回答要准确。如果这样对方还是有不明白的地方你就表达出"还有问题随时再问"的意思，等对方再来问你的时候给出准确的回答。

如果能够养成这种习惯，那么掌握了大量需要事前知道的信息的人便会聚集起来，大家不再进行无意义的交流，从而能够集思广益思考出具有创造性的问题解决方案。这种时间支配方式意义十分重大，对商务人士来说也是一个实现自身发展的机会。

总而言之，你需要做的就是向总想开会的上司巨细无遗地提供信息，并且要频繁地进行沟通，预测对方可能会产生疑惑的地方，然后自行分析解答并将结果告知对方，要让总想开会的人产生"没必要开会"的想法。

我现在所处的环境很理想，但有的人可能会说，"要是组织里有人就是喜欢开会，不管你提前告诉他多少信息，他就是想开会，那也没辙"。

如果采取国会的做法，让认为"打发会议时间就是工作"的人来主持会议，那情况将非常堪忧。这种时候，切忌不顾后果地顶撞对方，这样只会遭其厌恶。你要找出对方能够接受的借口外出，避开会议。比如你可以说"根据您的要求，由于要进一步商讨合同事宜，所以今天要出差，真是抱歉"，让自己不可能调整出时间去参加毫无意义的会议。

你身边或许也有同样认为"开这种会真浪费时间"的同事、前辈与后辈，将大家团结起来，让大家都无法调整出时间去参加会议，这种做法也行之有效。要创造出客观情况让对方认为"这么多人都来不了那就没法开会了啊"。

如果做到这个地步会议还是照样举行，那你就只能采取将错就错的方式让会议变得有意义。我当议员的时候，会把想读的书缩印之后带进会场并宣称这是会议资料，有时也会带英文报纸影印件进去学学英语。如果是大型会议，躲在角落里不会有人发现的话，我会假装听讲，实际上却在用平板或者笔记本电脑干干副业来提升自身技能，这也是非常有效的做法。

或者你干脆积极果敢、彬彬有礼地发表一些有建设性的意见来提高关注度，这也没什么不好。如果你提出的建设性意见能让会议朝着有创造性的方向发展那也是很好的。不管如何，对待无法避开的会议你应该转变态度，利用开会时间来实现自我提升。

## 不擅长吵架的日本人

### 为什么在日本连亚马逊书评都要匿名？

如果告诉习惯了日本亚马逊书评的人在亚马逊发源地美国书评几乎都是实名制，他们或许会感到震惊。实际上我的日本人朋友也对这一事实感到惊讶。在美国，餐厅点评也是实名制。然而在日本，即便是在有名的美食博客上也几乎见不到实名点评。

虽然在日本也有博主对书或者餐厅进行实名点评，也有实名点评网站，但规模最大的点评网站几乎都是匿名点评。

在美国，点评如果不是实名谁都不会当真。匿名点评若被人认为是受点评本人或者是竞争对手写的，那也是没有办法的事。书评采用实名制，能让写书评的人产生责任感以及写下书评后有紧张情绪。这是因为不管是书还是餐厅，点评都要曝光自己的身份，一旦有什么情况就会搞得人尽皆知。

在日本不管点评什么在网络上都是匿名的,因此只能参考那些写得像模像样的点评。当然,即便匿名也还是有写得公平公正头头是道的点评,丝毫不亚于美国的实名点评。甚至会让人觉得如果能写出这样的点评还不如一开始就用实名,那样更有说服力。不过,那样的点评还是很少见的,更多的还是感情用事写下的肤浅点评。

日本也还算是一个国土面积不小的国家,人与人之间的联系比较稠密。日本人不习惯进行讨论,即使是公正的点评也可能会被当作人身攻击。因此日本人心胸较为狭隘,不太能接受他人的批评,所以在这片土壤上人们无法在实名的情况下写出严苛又实在的点评。

**前定和谐构筑的社会**

日本人不擅长控制住议论不往人身攻击的方向发展,这是因为从教育阶段起就没有这种习惯。典型象征就是政客间的讨论。国会如此,我多次参与录制的政治谈话节目也经常出现讨论变成人身攻击的情况。其次,尽管自己想跟前辈、同事进行有建树的讨论,但对方的回应通常都是:"你这家伙,我平时待你不薄,你就这态度?""你这家伙敢对我提意见,再也不管你了。"

没有社会整体的适应,很难进行成熟彻底的讨论。在美国商学院、法学院的讨论中,如果没有异于他人的观点你就没有存在的意义。也就是说,他们从学生时代就开始学习无论对方是谁都要带着反驳的观点,在不对其进行人身攻击的前提下随意讨论。

我在一家美国公司担任战略顾问,这家公司已在纽约证交所上市。不管面对的是董事长还是副董事长,在与公司干部进行讨论时也需要表达反对意见,否则你身上就会留下"无用"的烙印。在美国,从教育阶段到现实社会,人们都习惯于进行讨论。

在这家公司,不管谁有什么样的意见都可以畅所欲言。这能够帮助高层做出正确判断,公司也因此招募了各种各样的员工。这是公司的理念。然而在日本公司的会议上,有机会自由地对上级或高层提出反对意见的,除了部分创业公司之外比较罕见。

不过,情况也不完全和传言相同,并非在国外就一切都是非分明,也不是说只要是欧美人就都能够宽宏大量地去接受别人公然的批评。遵守最低限度的规范和礼貌还是有必要的。

比如，在夸奖别人或者是在对别人提改进要求时要给出公平公正的理由；遣词造句要谨慎为之；无论你的态度是赞成还是反对，在与人讨论时不能忘记要礼貌待人尊重他人等等。

美国的教育教会学生讨论的方法，正因如此他们能够实现高质量的讨论。日本或许也进入了必须从教育开始改革的时代。在小学阶段就应该学习如何表达自己的意见同时又不会伤害别人。我印象中在日本教育现场学生是没有机会表达自身意见的，即便询问现在的学生，情况似乎仍然如此。

## 日本企业喜欢搞权力斗争？

### 做生意离不开政治权力

在美国，说客这项职业遍地开花。据说在美国，立志成为国会议员的人最大的目标就是当一名说客。引退或落选的议员约有三到四成去了华盛顿DC白宫前街（K街）当说客。

说客比议员更自由更有声望。为何这项职业如此兴旺？这是因为商界人士渴望得到权力。史蒂夫·乔布斯曾对苹果员工说过，"成为海盗比加入海军更有意思"。以他为代表，硅谷创业者中存在一种反抗权力与制约的倾向。最近也有一批著名的创业人士主张"硅谷应从美国独立出来"，这成为了热点话题。

然而这些渴望与权力拉开距离的创业人士随着事业的发展也会遭遇各种规章与税制的阻碍。谷歌、脸书等公司也开始支付巨额的游说费用。美国NPO消费者维权机构Consumer Watchdog宣称，2013年谷歌的游说支出为1410万美元，脸书的游说支出为640万美元。议会每次谈及要限制他们提供的服务即大数据的有效利用时，他们就会胆战心惊，如今他们的游说支出金额十分庞大。

在日本，自民党重新掌权后，来自各行各业的请愿接连不断。如今，即使是公认与权力无关的风险投资与基金行业也成立了协会并开始对政府机关与政治家做工作。规章税制受控于政治权力。不言而喻，政治权力对商界来说是必不可少的。无论你的商业模式多么出色，一旦在与权力的对弈中出了差错,规章税制的变动就会让你的收益一夜之间化为乌有。

当然这只是政治与商业间权力关系的极端案例,下面我们来思考公司内部权力与工作之间的关系。

**推崇"调节型"人才的组织里常有的现象**

日本人普遍认为日本的组织总体上基层业务能力优秀,不用高层领导出马也不会有问题。当然,也有像软银、优衣库这样的公司,其前途与企业管理者的鲜明个性、领导能力紧密相连。在这种领导关系分明的公司里,权力的核心一目了然,故在核心之外不易发生权力斗争。而在推崇调节型管理者的组织里,在开始调节的过程中很有可能发生权力斗争。

所谓调节,换种说法来说就是政治。所谓政治,就是对各种利害关系进行调整。因此,挑选调节型管理者的过程本身就容易发展为一种政治。在通过业绩决定晋升与否的组织里,只要你努力工作,政治也就是权力斗争就变得不那么重要。但是,如果是在不看业绩而是通过调节来决定谁当领导的组织里,在调节过程中则会发生许多权力斗争。因为组织基层业务能力优秀,所以高层能够安心地埋头于权力斗争,他们闲暇到了如此地步,也正因如此他们才乐此不疲地进行权力斗争。

即便如此组织也没有衰落,这很大程度上是因为基层业务能力优秀。但是久而久之这些在基层认真工作的人也会被卷入到权力斗争当中。

前文也提到过,我在一家美国上市公司担任顾问,该公司目前完全不存在权力斗争的现象。首先,公司正处于快速发展阶段,所有人都非常忙碌。沉浸于权力斗争需要充足的时间与精力,然而大家的工作效率已接近极限,所以在创业公司工作没有空闲搞权力斗争。不管是基层还是高层领导,创造不出价值的人绝大多数都离开了公司。高层领导也没有闲着,如果他们没有才能公司就会逐渐衰败,所以对他们来说没有时间和精力为了人事决策搞权力斗争。

在国际化与技术革新飞速发展的现代社会,日本的大型企业也面临着严峻的竞争。以后情况或许会不同,但目前仍有不少组织存在纵容权力斗争的现象。

不过,这并非是在一概否定权力本身。有的情况下权力不可或缺，因此没有必要进行无谓的顶撞或刻意疏远。但如果完全依赖于权力被其左右的话风险过高。你需要不断磨练自己，让自己成为即便没有权力也能完成工作的人。如果你能完成别人都完成不了的工作，权力会主动来接近你。

## 倚仗权力是卑劣的做法吗

**做不羁之人轻松但无益**

有人认为置身于权力斗争之外平平淡淡工作的人才是最强大的，但我不这么认为。假装放荡不羁是可以的，但不要真的成为远离权力斗争不食人间烟火之人。

如果是在发展不充分、所有成员都是不羁之人的创业公司，你或许可以这么做。而如今日本人口不断减少，市场规模不断缩小，多数情况下企业不可能实现快速发展，因此即便是在创业公司，有上述特点的也非常罕见。所以，几乎所有组织当中都存在权力斗争的现象。如果组织的发展有极限,那么组织内部的斗争也会变得激烈。在互相争夺不断缩小的市场份额过程中,最惨烈的莫过于权力斗争。

说实话,我刚进入政界时还很天真,那时我非常讨厌在政治权力斗争的水面下蠢蠢欲动、对人巴结奉承花言巧语的那些人,我还立志要做一个"放荡不羁之人"。然而后来我开始意识到这样的姿态无法大展宏图,于是开始参与权力斗争。

我深刻感受到如果要实现个人的理想抱负就必须要动员整个组织,而如果手中无权则办不到这一点。有的人能凭一己之力发挥出惊人才能,这就是天才,他们为世界带来的震撼绝对不小。但是,大多数情况下仅凭一己之力能够办到的事是有极限的。

**利用"组织的力量"来实现自己的目的**

人的高明之处在于懂得组织的力量。人仅凭一己之力无法对抗猛兽和自然灾害,而通过发挥集体的智慧与力量,人可以战胜这一切,这就是人类历史的内容。人有着能够形成组织的智慧,能够将众人的智慧与力量汇集到组织中,这是人类的强大所在,现代社会亦是如此。

多数情况下,没有人能够在公司没有名声的情况下工作表现出色,人们通常是利用公司名声来发挥自身能力。在组织当中置身于权力斗争之外也能将自身能力发挥到一定程度,但如果一直逃避权力斗争,即便凭借实力取得了一定程度的地位,但随着工作内容不断升级,你也会遇到不借助组织的力量就无法取得成果的情况。避开权力斗争一路走来的人如果上了年纪才第一次卷入权力斗争,后果将十分严重。

你要是如此不愿意卷入权力斗争,那你只能为自己构筑起压倒性的地位,让别人都无法取代你。你需要保持优秀的业绩,不管什么人掌权都要让他觉得"组织需要你的力量",能做到这一点你才有资格做放荡不羁之人。然而,在大多数工作岗位上你都不能放荡不羁。

大多数情况下,即使没有你组织也不会有任何困扰,有很多人可以取代你。三个臭皮匠赛过诸葛亮。即便你的能力无可取代,随着时代的推移,人们对于天才实力的评价也会发生变化,你的能力或许会变得不再重要。

你要假装放荡不羁专心积攒实力，实际上却在暗中获取权力斗争的情报随时把握最新动态。而且你还需要时常思考如果卷入斗争的是自己那该怎么办。即便你认为权力斗争毫无意义决心要远离斗争，但是如果你有理想有抱负，你就必须要纵身跃入斗争漩涡中并赢得斗争，取得对自己有利的地位。

这个世界有很多事情不合逻辑，尽管正义与情理很重要，但如果你天真无邪地盲信正义与情理，你将无法圆满地走完奇迹般仅此一次的人生。虽然在你看来现实如此肮脏卑劣，但你需要做的不是去厌恶它，而是要专注于自己的目标，努力做出成果。如果取得成果需要接近权力，那么你就需要考虑利用权力为实现目标做准备。

## 成为掌权者的条件

**如果卷入权力斗争**

如果被夹在两大对立的权力中间应该何去何从？
在重视权力斗争的组织里，一旦卷入权力斗争，你需要做的就是投靠赢家。有斗争就说明很有希望的候选人正在激烈竞争。或许很难辨别应该投奔哪一方,不过通常情况下不管什么样的权力斗争都会存在最有希望的阵营。该阵营或是受到当前政权的青睐很有希望能够继承政权,或是以颠覆当前政权为目的并且今后将稳健地以绝对优势逐步击溃当前政权。情况多种多样,但很少会出现竞争双方势均力敌的情况。

日本人很擅长辨别赢家并追随其后。如今的国政选举两党制已固定下来,每次选举都是其中一党获得压倒性胜利。

另外,对待输赢,局中人会带着强烈到终生难忘的记仇之心与人较量。即便他取得了压倒性胜利,他也会一直记得曾对自己刀剑相向的对手,并对其心生怨念和仇恨,这在前文也有提及。

由此我们可以学会一个道理,那就是绝不要误打误撞与输家结盟。如果是很有希望成为赢家的人打从心底厌恶你百分之百会让你吃不了兜着走的话,应另当别论。但除去这样的极端情况,你绝不能因为意气用事打抱不平而加入输家的行列。

即便赢家队伍中有你不喜欢的人，你也要积极与他们打交道。虽然"人生感情意气"也很重要，但当你踏入社会后因感情用事而与人较劲的话你将损失惨重。你需要时刻专注于自己进入这个组织的目的以及想要在工作上实现的目标。

一旦顶撞了掌权者或是遭其厌恶，你将无法大展宏图。就算有人与你的想法、信念十分契合，只要他手中无权，你就很难在组织中实现自己的目标。因此，你应该投靠有权有势之人来实现自身工作的价值与意义。

当然，随着技术的进步与经济形势的变化，公司的业绩以及客户的喜好也会发生激烈变化，你可能会遇到胜负结果与事先预测相反的情况。这在政界中经常发生，商界当然也同样如此。

要事先预测谁输谁赢然后开始与预测的赢家打交道，之后也要随时关注形势的变化。不过需要注意的是，即便你判断出形势将会发生变化也不要轻易倒戈。基本上一旦选择了阵营就需要奋力拼搏，效忠到底。如果意识到形势将发生改变就轻易改变阵营，你将得不到重视并且失去伙伴。

### 时刻把握形势

你还需要长远地思考胜负并逆向推算，做好万全准备。这是我在自民党内多次经历权力斗争后得到的经验。教会我何为政治的青木干雄老师总是能在瞬息之间准确辨别出能够获胜的阵营，无论形势变化如何推动实际情况的发展，他都能诚恳冷静地看待一切。不只 A 计划，老师心中还有 B 计划 C 计划。

由于形势发生变化，预测与现实相反，你发现自己进入了输家行列。即便如此也不要乱了阵脚。在胜负已见分晓时，你可以不露痕迹地向对方阵营展示自己的有用之处与忠诚之心。你曾经预测己方阵营将成为赢家并决定入伙，之后你也要彻底支持己方阵营。你需要借此来获取别人对"即使注定会输仍然奋不顾身的自己"的信任。

不管身处商界、政界还是教育界，一旦卷入权力斗争，你只有赢得斗争才会有出路。为此，你需要不断提高自身能力，专注于如何才能做到自己想做的和应该做的事。你应该更加重视"权力"而非自己的想法、信念和好恶。你应该贯彻现实主义，一心一意地做好自己的工作并积极与有希望在权力斗争中获胜的阵营打交道。这就是接近权力的最佳策略。

## 如何让喝酒聚会有意义

我们是否应该重视公司的喝酒聚会呢？一般来说，将自己宝贵的时间花费在白天也在一起的人身上纯属浪费，你应该利用这些时间去学习或者是与公司以外的人建立人际关系。

但是，如果你在这个组织里有想做的事情，那就应该积极参加这些聚会。我在公司上班的时候，曾经认为日本的酒桌交流多数情况下是妻离子散、健康受损以及公司生产效率低下的罪魁祸首，"百害而无一利"，因此不喜欢喝酒聚会。但是，"喜欢或不喜欢"与"好或不好"完全是两码事。要实现自己的目标，你应该优先考虑"好或不好"而非"喜欢或不喜欢"。作为组织的一员，你一定要好好利用喝酒聚会这一大好机会。

对需要时间才能放下戒备的日本人来说，喝酒聚会无疑是缩短其时间的大好机会。喝酒聚会同时也是让不喜欢的人或是难以相处的人成为自己伙伴的绝佳机会。

此外，基本上日本人都是只要一喝酒警戒心和钱包扣就会松开的"老好人"，所以喝酒聚会也是获取不能说出口的秘密信息以及与人立下各种约定的大好机会。

以前，我也不喜欢政客之间的喝酒聚会，但即便是勉强自己我也参加了那些聚会。这是因为我心里明白只要参加我就能得到很好的机会。

参加聚会时只要好好利用机会，你在组织里的伙伴就会增加，而且你还能获得组织内外包括人际关系在内的各种重要信息。即便是口风紧的人只要多陪他喝几杯，他也会放下戒备吐露真言。虽然这样会让你变成夜猫子，不利于身体健康，但作为回报你也获得了充分的信息与人脉关系。

不过，对酒品差的人来说喝酒聚会有可能会让他们非常难堪。难得有这么宝贵的机会，你却说醉话，跟人吵架遭人厌恶，可谓是赔了夫人又折兵。如果不胜酒力，那就不要参加聚会。不过，在酒桌上说错话在一定范围内可以得到谅解，因此随时注意帮人解围讨人喜欢非常重要。

实际上，如果能在午餐或早饭时间获取信息建立人脉关系再好不过，但就现在日本人的状态而言，要实现这一点还需要很长时间。

正因如此，如果你在这个组织里有想要实现的理想抱负的话，你一定要参加聚会。想干出一番事业却又不想参加能够获取信息、建立人脉关系的聚会，天底下没有这么好的事。

如果不久后就要离职，你更应该参加聚会。难得与一起工作了这么久的同事建立起了人脉关系，你应该巩固这种关系，在下一份工作中也可以好好利用。除极少数有特殊理由的情况外，离职就切断以前的所有联系，这一做法有失妥当。

不过需要注意的是，虽说喝酒聚会很重要，但一定不要把喝酒聚会本身当作目的。无论如何你都要保持主体性，为了达到目的好好利用机会。每次聚会都要喝第二场、第三场，不仅从时间成本上来说不合算，而且好不容易打听到的消息可能会因为喝醉而忘记，还有可能因为醉酒而在酒桌上发生纠纷，把事情搞砸的风险也会提升。因此,轻松愉快地参加第一场聚会,与人亲密交流之后就告辞,这才是聪明的做法。

## 写给在恼人职场中苦不堪言的你

"人生本来就没有道理可言",如果你能抱有这种想法,将大大减轻你在职场中的压力。倍感压力的人就是因为他们对任何事情都期望过高。

人生的路并非对谁都是公平的,只要回望人类历史你就能发现这一点。人类历史中不乏殖民统治、人种歧视、大屠杀、掳掠等行为。尽管人生没有道理可言,但如今的日本整个环境还是很优越的,几乎不存在莫名其妙就遭到杀害的情况。

如今的日本,虽说不是每个人的机会完全平等,但也并非极其不平等的状态。不论是谁都可以自由地批评掌权者,还可以将相关言论发布在 SNS(社交媒体)上,对工作、住所的选择也都完全自由。

即便进入了所谓的黑心企业,如果你不喜欢这份工作可以随时辞职。不仅是职场,说到底不管什么样的社会其构造都有不合理的地方,如果你能这样思考你就不会想不开。当然也存在很难自由地行使辞职权的情况,但如果你死也不愿意继续干下去那还是早日辞职为好。

你讨厌的人当官发财了,你遭到了不公的待遇或遭受了欺凌,工作没有你想象的那么开心,这些情况在世界任何一个角落都时有发生。这个世界上没有人身边都是品德高尚的人、所有人所有事对他都是公平的、不管他做什么工作都非常快乐,没有一个人活在这样的环境里。

因为事先预想的都是电影电视剧里那种理想的职场,人真正踏上社会发现现实并非如此才会倍感压力。世间的事不会都如你所愿,多数情况下你感觉到"真没道理"反而会更好。

即使身在恼人的工作环境里,控制压力也只需一个念头。你需要学习高杉晋作①的心境。据说他辞世之前留下了这样一句话:"让无趣的世界变得有趣"。这也是我的座右铭,我认为这句话的意思就是"有时间抱怨环境,

---

① 日本幕末时期的著名政治家和军事家,长州尊王讨幕派领袖之一,奇兵队的创建人。幕府末期尊攘、倒幕运动的志士。——译者注

还不如自己来让所处的环境变得更加有趣"。江户末期，官僚主义横行，百姓苦不堪言。高杉晋作的想法充满了奋勇抗争、力图改革社会现状的志士气概。

　　端正自己的心态来控制压力，靠自身的行动来增添乐趣。不要去强求得不到的东西，那样不仅浪费时间和精力，还会给自己徒增压力。你应该抓住眼前的东西努力拼搏，让自己以及所处的环境尽可能变得更加有趣，这才是你应该投入时间与精力去做的事情。

# 第 5 章　走自己的路让别人说去吧

## 人生应由自己主宰

你是否活得很不自在?

一个人要立足于社会,免不了遭遇人际关系带来的烦恼。这是因为人们或多或少都会在意别人如何看待、如何评价自己。

我曾身处政界,那个时候也总是很在意别人的眼光。一个政客必须客观冷静地看待自己,必须了解选民对自己的看法、党派对自己的评价以及自己在选区中的声望。所谓政客,就是靠选民投票保饭碗的极其不稳定的职业,所以政客不能忽视旁人的眼光。

人不可能独自存活,为了与各路人马顺利合作,需要对自己的处境进行客观把握。话虽如此,但我们也不能随波逐流。如果自己不掌握主动权,那将一事无成。

"在意别人对自己的看法"与"臆想别人对自己的看法而迷失自我"完全是两码事。前一种情况自己是主角,而后一种情况自己则丧失了主体地位,主角变成了别人。

另外,有时候为了达到某种目的,不管别人怎么讥讽嘲笑我们的行为,我们都要视而不见听而不闻。政客当众下跪或者是在选举时流泪就是很好的例子。我从政的时候就做不到这一点。当时入世未深,总是想不明白"为什么我们为了民众辛苦工作,还得向他们点头哈腰"。然而政界某位前辈则不以为然。

他虽然对别人(支持者)低头鞠躬,但却在心中昂首挺胸。正是因为心怀不卑不亢的自信,才能坦然地对别人毕恭毕敬。只有紧握主导权、不为他人目光所动摇,才能到达如此境界。

他常说:"政客只有在激烈竞争中存活下来才有价值。

有的事情只有政客才能做到,作为一名政客我也想干出一番事业,为了留在政界应该穷尽所有合法的手段。"他还经常说:"要是真有心,下个跪哭一哭又算得了什么?装腔作势说什么'做不到',那些家伙才真的是随波逐流没有骨气。"我十分尊重这位前辈,但当时对他的话不敢苟同。不过如今算是真正明白了个中道理。原来这也是一种紧握主导权的大智慧。

人生应由自己主宰。人死的时候能带走的也只有回忆了。生前在意旁人的眼光,去世总归是孤身一人。若沦为旁人目光的傀儡,人生将转瞬即逝。如此一来,连为自己活过的记忆都无处可寻。

**行将就木之际的憾事**

2012年2月1日刊登在英国卫报上的一篇文章让人印象深刻。记者苏西·斯坦纳在文章中讲述了澳大利亚护士布罗妮·威尔的故事。布罗妮曾照顾过许多临终病人,她将自己在护理工作中的见闻写成了一本书——《行将就木之际的五大憾事》①(*The Top Five Regrets of the Dying*)。五大憾事之首就是：

真希望自己能有勇气为自己而活，而不是一味地去迎合别人(I wish I'd had the courage to live a life true to myself, not the life others expected of me)。

读到这里，我想起了"不论出生在何处，活出真我总艰辛"这句话。在认为人生的终点遥遥无期的阶段，思考"自己究竟为什么而活"这个问题是很难的。因为在这个阶段人们总认为"还没到思考那个问题的时候呢"。

但到了行将就木、时日无多之际，人们会不由自主地去深入思考一些问题。比如"我活一辈子图个什么""我这辈子是不是活出了价值"。我们或许能从五大憾事之首中领悟出一些道理。

其实周围的人并没有如你所想那般关注你。即便是影视明星或者是体育运动员也不可能随时被人跟踪。况且你只是一个普通人，周围人对你的关注度比你想象的要低很多。

再加之旁人对你的看法来源于并不充分的信息，这些

---

① 中文书名为译者译。

看法不仅容易出现偏差,而且随时都在变。旁人对你的误解时好时坏,不过一旦对你失去兴趣,不管曾经讨厌你还是喜欢你,都将成为过眼云烟。你我在变,世界也在变。备受期待的政党上台后没有实际行动于是受人唾弃,与此同时曾经受人唾弃的政党虽然并无大的转变却得到广泛支持;曾经红极一时的明星一夜之间不再受欢迎。这个时代就是如此。重视并试图去抓住那些善变的东西是毫无意义的。与其在这些毫无意义的事情上左右为难,倒不如为了自己的理想而拼搏。

此时此刻别人如何看待你,这只不过是人生旅途中一小段无关紧要的路。因为这种小事而停滞不前是对时间和精力的双重浪费,白白糟蹋了大好人生。你应该掌握人生的主导权,尝试为自己而活。

## 想要成为受欢迎的人

人们认为喜欢自己的人越多越好,而实际上也是如此。我不反对这一点。但是,这需要建立在"我们无法控制他人的情绪"这一前提上。

无论何事,我的观点都是"应该将精力集中在自己能够控制的东西上"。如果是自己掌控不了的东西,你再怎么烦恼担忧、焦躁不安也都无济于事。基本上我们无法控制他人的感受,不管是家人、朋友、恋人还是同事都是如此。

一味地想成为受欢迎的人,不去"为自己而活",我认为这是在浪费时间。尽管让别人喜欢自己、让自己受欢迎很重要,但如果被这种欲望所左右,你将得不到幸福。

我在从政时期也有过这样的经历。临近选举我就一心只想如何让当地民众喜欢上我。言行举止、穿着打扮、当地活动等等,各方面都绞尽心思。那段时间我没有想过作为一名政客自己应该如何发展,应该如何实现自己的信念,而只是一味想着如何让自己受欢迎。

政客从某种意义上来说就是攒人气的职业,但是我们的收入不会因人气高涨而有所改变。我后来才意识到,只有在几年一次的选举中人气才会显得重要,而其余时间我应该用来发展自己的政治生涯。

人天性敏感,如果有人散发出"想要受欢迎"的气息,人们就会对其产生戒心、多加提防,不会轻易表露好意。选民和公司职员都一样,不会认为以受欢迎为目的而采取行动的人有领导能力,也不会追随其后。

一旦产生想讨人喜欢的心情而不能自已,谄媚殷勤的心态被人看穿,你反而会陷入不受欢迎的窘境。与其如此,倒不如掌握主动权,竭尽全力做好眼前的事。从结果来看,往往是后者更有可能受人仰慕。比起只在乎别人对自己是否有好感的人,我对心无旁骛踏实肯干的人更有好感。

越想掌控别人的感受则越会背道而驰。不要想着如何让外界称心如意,我们能掌控的只有自己。在能掌控的事情上集中投入时间与精力才是正确之举。

## 不要盲目竞争,凡事为己所用

有的人会不停地把别人跟自己做比较,然后开始闷闷不乐,产生自己低人一等的想法。不过,实际上也并非完全像《世界上唯一的花》①的歌词写的那样与他人比较毫无意义。如上所述,在有主体性意识的前提下,为了确认基准点即自己所处的位置而与他人进行的对比是有效果的。

议员时期,为了了解前辈与同事的选举状况以及他们事务所的情况,我经常去协助、支援其他议员的选举活动,在此种情况下将自己的选举状况以及事务所的情况拿来作对比非常有意义。

因此,决意要做"世界上唯一的花"而完全不在意旁人也不太合乎情理。如果要做"世界上唯一的花",你需要知道其他的花长什么样。与一般概念相反,我个人理解的差别化策略要紧随人后、认真推敲才能得出。

在没有干劲的时候可以观察正在努力拼搏的人从而帮助自己鼓足干劲。人是一种会互相影响的生物,受到来自他人的刺激是很正常的,我们应该好好利用人的这一特性。

但是,你如果将竞争、较量当作目的的话那就本末倒

---

① 《世界上唯一的花》是日本超人气组合SMAP演唱的歌曲,木村拓哉为该组合成员。——译者注

置了。我们是为了实现自己的目的才把对手当作刺激物来利用,仅此而已。无论如何自己才是主角,千万不要被攀比心理牵着鼻子走。

如果看到正在努力拼搏的人在推特、脸书上发送的内容能够鼓起干劲并从中获取某些信息或者学到一点技巧的话那很好,但如果看到这些内容反而让你意志消沉提不起劲,那还是不看为好。

我有一位朋友在哈佛大学商学院当教授,他曾说过一段颇有意思的话。"来这儿上学的人基本上都充满自信,天性争强好胜,有时候反而会被这种天性所左右。一个很好的例子就是同学会。同学会按照毕业5年、10年、20年这样的阶段性来举办,但总是有人不来参加。其理由是'事业不顺利、家庭不美满,没脸见同学',他们自尊心与争强好胜的天性过于强烈。但是,我们举办同学会是希望大家能够积极主动来参加的。人生路漫漫,途中会遇到许多事。从商学院毕业20年,无论生活过得好与坏,那都只是暂时的。大家应该利用同学会与同学见面,构建人脉关系互相交换信息。出于莫名的竞争意识,有的人不想看到比自己成功的同学耀眼的姿态,所以缺席。这对想要东山再起的人来说一点帮助都没有,只会让自己愈加消沉。"

虽然没有必要如此盲目竞争,但还是有必要在意旁人。或者说不只是在意,还要勇于"向他人求助"。如果身边有非常努力或者已经取得成功的人,你就如实对他说:"我现在非常苦恼,请你帮帮我,告诉我应该怎么办。"即便他曾经是你的竞争对手,只要你亲自提出请求"希望得到你的帮助",对方就不会心有不快。

或许会有人用一种高高在上的姿态来指点你,不过这也没什么不好。能从一帆风顺的赢家身上学到东西总归是好的。这种时候无谓的自尊心只会成为你的绊脚石。

## 说服难以对付之人的技巧

### 从争取小的同意开始积累

你是否会因为害怕别人讨厌你而抑制自己的言行、小心地观察他人脸色或是过度替别人操心?这就是现代社会压力的根源所在。

虽然没有必要去主动招人厌，但做事果断一些最好。你要认识到"就算遭到别人讨厌那也是没有办法的事情，因为我无法改变对方的情绪"。人只要做了最坏的打算压力就会消散，行动能力也会有所提高。我们无法控制别人的情绪，旁人的看法也带不进坟墓。

如果遭人讨厌，尽管会有遗憾，但那也是无可奈何之事。

我一路走来，曾因意气用事、行为浮夸、傲慢至极而树敌无数，很多人都把我当作仇人。

因此，此处我们来探讨应如何应对已经遭人厌恶、受人敌视的情况。

想要一次就把敌人变成伙伴基本上是不可能的。如果有了共同的劲敌，可以通过并肩作战来改善关系。但这种关系改善是临时性的，一旦共同的敌人消失之后可能又会化为泡影。因此，若想真正改善关系就必须花时间一步一脚印地慢慢来。

我挑战国政选举的时候一直是无党派人士，因此当选之后才入党使得我时刻都遭受着自民党成员的敌视。

原本第一次选举时自民党成员曾邀请过我入党，但我当时的想法是要靠自己的信念以无党派的身份当选，之后再选择党派。如果从选举的时候开始有大型政党撑腰，这将成为你当选的捷径，但当选之后发言权将受到限制，这就是我的顾虑。实际上自民党议员也表示，如今党内弥漫着小选举区制度①刚刚固定时自民党的气息，在那种氛围里下级在党首和干部面前根本开不了口。现在，如果得到了支持率高的政党之公认，那么你轻松通过选举的可能性就很大。因此，正如我预测那般，如果你的言论与党的干部对立，那将牵扯到下次选举党是否还会公认你的问题。所以你在党内的自由发言权自动地受到了限制。

相反，我的做法也存在很大的弊端。虽然当选之后进入了自民党，但党内都是曾经的选举对手，我费了好大力气才修复了跟他们的关系。前文也提到过，我深刻体会到了无论哪位政治大家，只要在选举中跟他交过手他就会对你怀恨在心。而且，在选举中我是输家他是赢家，尽管如

---

① 由日本执政党自由民主党拟定并由日本政府于1956年春向众议院提出的一个修改选举法而实行小选举区制的法案。根据这个方案将现有选区划小，每区以选出一个人为原则，其目的在于废除选举制的人口比例原则，使集中在城市中的工人阶级及其政党处于不利地位；方便保守党控制选区；方便保守党官僚政客在选举中行贿收买。

此他还是对我怀恨在心,从我这种"就让往事随风"的平民角度来看,真的难以置信他们居然会是此种心态。后来从了政才知道,一旦劲敌出现,不仅会多花钱,还要经常对人低声下气,选举也会变得很麻烦,是人都会怀恨在心。

自民党总部指示我去登门拜访那些曾经在地方上交过手的权威党员。其中不少人都不愿跟我约时间见面,还有人表示"下次选举想让我帮你门都没有,小心我拖你后腿"。当时的自民党比现在更有实力,其证据就是地方组织比总部更有权有势,有时甚至不听总部的指示。我当时所在的地区也是如此。

所以,我决定从争取小的同意开始积累。突然提出希望友好共处的要求是不行的,所以首先要让对方同意我进他家门。如果现任国会议员提出请求,或许对方的家人也会劝他同意,对方没有办法于是让我进了他家门。下一步便是站在玄关处跟对方聊天。找出双方都感兴趣的话题,聊完之后表示感谢然后离开。因为都是老乡,所以一定会有共同认识的人,而且双方都知道地区存在的课题。为了解决这些课题而奋斗才是当选议员的责任,所以能聊的话题要多少有多少。过了玄关聊天这一关,下一步我提出了去会客室畅谈的请求。对方同意这一请求之后,下一步你就可以去对方的公司或所在的组织跟他细聊。如此一来,只要能够共度时间,双方就能够互相理解,时间会瓦解曾经的对立关系。

由此可见,从争取小的同意开始积累非常重要。只要投入了时间消除了对方的不良情绪,你们之间的关系便打下了坚实基础而不再停留于表面。

**迅速改善关系的方法**

改善关系更具技术性的方法就是"期望值管理法"。首先你要有与对方决裂的心理准备,然后尝试着抛出对自己有利的要求很高的条件。因双方关系的起点是敌对关系,故一开始就得到对方的同意是很困难的。提出条件之后,在不让对方愤怒的范围内表达决裂之意,此后再主动让步。如果说前一部分介绍的从争取小的同意开始积累那种方法是从低到高的话,那么现在介绍的方法则接近于由高到低。

一开始提出要求很高的条件是为了降低对方对达成

一致意见的期望值。条件要高到对方无法接受的程度,才能改变对方的期望值。此后主动让步的效果则会被对方放大,这会让对方提高对关系改善的期望值。然后,你需要制造出一方做出了让步另一方也不得不退让的氛围,如果双方在这一点上达成一致,那么敌人就变成了伙伴。

这种方法需要你仔细观察对方。首先,提出何种程度的条件就很难把握。根据关系破裂的程度不同,双方关系到此为止的情况也是存在的。

即便决裂之后双方还有交流,主动退让到何种程度才能让对方也做出让步,这也是很难把握的。如果突然把一开始提出的条件压低一半,对方有可能会看破你的把戏,双方关系将进一步恶化。

但是,期望值管理法的优点在于采取了由高到低的方法来改善关系,如果进展顺利,可能会更快达到目的。

期望值管理法要在对方也有想要和你改善关系的情况下才能发挥作用。如果对方完全没有要改善关系的意思,那么这种方法是无效的。

要改善和对手的关系,关键在于要踏实并且舍得花时间。也就是说,其本质在于增加和对方共处的时间。哪怕你的言行生硬,也要花时间真诚地和对方相处,这非常重要。时间不仅是宝贵的资源,也是改善关系的灵丹妙药。无论做什么,踏实勤奋地去一点一滴积累的人才能成大器。

## 演讲打动人心之处不在于技术而在于"诚意"

日本人中似乎很多人都缺乏自信,不擅长表达自己的意见。

反之,如果要问哪个国家的人有主见,我们首先就会想到美国人和印度人。不过,他们有主见的性格也并非与生俱来,他们也是经过教育才锻炼出了表达自己意见的能力。我参观了东京都江户川区的一所印度人小学,每天早上都会有一名学生在全校学生面前发表时长 5 分钟的演讲。演讲的主题可以是最近发生在自己身上的事,也可以是最近的新闻热点。

小朋友本来就注意力不集中,要在他们面前发表演讲且要下功夫让他们把演讲听完,这可谓是难上加难。不过日复一日,他们可以从别人身上学到很多东西,还能得到老师的指导，从而越来越擅长演讲。欧美的教育中也同样有很多让学生在众人面前发表演讲的机会。

如此一来，他们自然而然地就学会了表达自己的意见。要想顺利地在众人面前表达自己的意见需要长期训练。你需要训练自己，让自己在众人面前即使紧张了也不会忘记自己想说的话，并且让说出来的话条理清晰、准确无误、明白易懂、富有感染力。我推荐大家去看 TED 演讲以及 Youtube 上精彩的演讲短片来帮助训练。

演讲开始时先讲个笑话来帮助自己与听众缓解紧张的情绪，同时吸引听众注意，然后用明白易懂的话语提出你的结论，之后再用幽默诙谐平易近人的语言来阐述其原因与根据。

演讲中最重要的就是诚意。如果执着于演讲提纲的框架或过于华丽的幻灯片，可能反而会让人觉得你没有诚意。因此，你应该将注意力集中在无论如何也希望传达的事情及其理由上。

技术性工作只需发挥 7 成左右的功力即可。即便中途结巴了、多跳了几页幻灯片或者说错了数字也不要紧，你的热情才是关键所在。"无论如何都想告诉大家""希望大家明白""这是我的理想",诸如此类的心情你需要用120%～150%的诚意去传递。反过来说如果你表现出的诚意达不到120%的话你就无法撼动听众的心。有的时候或许可以靠数字、图表说服人,但我也多次提到不管多么聪明的人说到底还是人,不是电脑不是机器,还是会受感情驱使。因此你需要去撼动人的感情。

要做到这一点,你需要充分的准备。正式演讲之前反复练习准备,就算演练顺利也总会还有值得进一步提高的地方。反复练习的过程中,你就会清楚地知道自己想要诉说的是什么。你需要熟练到不看资料也能进行说明的程度,之后你需要的就只有发自真心的热情了。

绝不能不练习而仅凭一腔热情去蒙混过关。热情固然非常重要,但没有经过练习的演讲根本就不可能让人感受到你的热情与灵魂。

我自己也会带着紧张感进行练习,直到快要登台演讲了才肯罢休。那份紧张感与演讲开头的"吸引"紧密相关。随后便用满腔热情来释放紧张的情绪并将这种热情保持到最后。如果你不练习不准备,你就不会有这种紧张与热情。万事万物无准备不成形。

## 自然又显自信的西服着装技巧

"着装"事关重大。人们在关注你的履历、言语之前，单凭你的"着装"就在相当的程度上对你进行了评价。商务人士一定要重视西装的穿法。首先，我建议大家要穿定制西服。我个人的体型只能穿定制西服，在踏入社会之前也都只穿定做的衣服。合身的西装能减缓压力。另外，定制西服你可以自己决定材质、整体剪裁、纽扣和口袋的形状，制作过程就非常享受。专业人士在考虑流行趋势的同时，还会为你推荐适合你的材质与风格。

现在的年轻人穿的西装确实时尚，但很多人穿的西装都不合身。这是因为很多人买的都是成品也就是做好了放在店里卖的西装。如今有一些店铺定制西装的价格与成品西装已相差无几，而且不管什么东西质量越好用得越久，性价比越高。

衬衫也最好定做。因为衬衫直接接触皮肤，选择合身的衬衫能够进一步降低压迫感。然后就是要细心打理了。

即便你定做了好的西装和衬衫，如果满是皱褶也会给人留下不好的印象。

如果在穿着上给人一种干净整洁、有品质却不浮夸的感觉，人们对你的信赖度也会提升。大家可以从你的穿着看出你对待万事万物的态度。如果你的着装过于浮夸昂贵，效果往往会适得其反。合身且整洁的着装不仅能提高他人对你的评价，还能让自己更有自信。

## 严重受挫时如何找回自信

心灵遭受严重创伤时不要犹豫赶快休息！若将心灵的创伤换到身体上来，那就等于骨折。这是内心发出的"赶快休息！"的信号。因存在个体差异，此种情况下心理承受能力强的人不休息或许也无大碍，但如果是希望通过本书寻求出路的人最好停下脚步好好休息。

你应该抓住这个机会好好调整状态。在锻炼肌肉力量时人们常说"休息也是一种勇敢，休息也是一种训练"。心灵受挫时也同样如此。锻炼身体时如果在疲劳状态下还强迫锻炼,一旦过了度则很可能会受伤,即使没有受伤也达不到增强体力的效果。在心灵受创疲惫不堪的情况下还想继续发力的话,可能会留下心病。

调整状态要从彻底忘记工作与责任开始。为此,你应该去平时不会去的地方,见平时见不到的人,改变日常生活的节奏。要实现这一点,你只需要去一个和现在地有时差的地方即可。如此一来,见到的人自然都是平时见不到的人,而且因为有时差,生活的节奏自然也就不一样了。如果不做到此种地步的话是无法抛下一切好好调整恢复的。去机场乘机之前、飞行过程中等,在经历了这些阶段之后心灵会自动切换为调整恢复模式。

在家休息或者去附近游玩也不错,但熟悉的地方总会把你拉回平时的生活节奏中。虽然我最近没有遭遇太严重的挫折,但有时太过忙碌,有时工作的压力太大,偶尔会觉得心力交瘁。这种时候我就会毅然决然地前往他方。或者出国,或者去远离人烟的深山。放下电脑和手机,暂时离开工作与日常生活。

只要消除了心灵的疲惫,你就能找回一定的自信。因为自信的丢失基本源自心理的疲劳。自信丢失得快,但要找回来却很费时。这与肌肉力量相同，你需要勤勤恳恳地锻炼肌肉同时还要保持饮食均衡注意休养生息才能练出肌肉力量。

　　增强肌肉力量最好的方法是先通过锻炼破坏肌肉纤维，之后再通过休养实现"超量恢复"。先破坏再休养的方法使得肌肉力量在恢复的同时进一步得到提升。自信心也同样如此，遭受打击之后通过休息来实现"超量恢复"。在此过程中，你不但能找回自信，而且还能变得比以前更有自信。如果奋斗需要拼劲，那么调整恢复也应该竭心尽力。

## 切忌仇恨他人

　　无论是谁都会有想要怪罪于人的时候。要是当时没有听信那个人的建议就好了，要是当时那个人没有出差错就好了……然而，只要你好好准备，这些情况基本都是可以避免的。如果做足了准备还是没能避免，那也就无可奈何了。

有的事故责任可能全在对方,但无论如何发生这种事故的几率小之又小。可以说这种事故的确不受我们控制。但除此以外,超过 90% 的情况责任都在于我们自身。如果你直面自我,心中有对未来的规划且未雨绸缪做足准备的话,基本上就能够防止由于别人出的差错导致的失败。

回首自己的人生,我也曾因听取了别人的意见而失败过,还因此记恨于人。不过如今回想起来,责任还是在于自己没有把对方的建议消化透彻。即便对方是出于一片好心向我们提建议,但实际上很少有人能准确把握我们的情况与所处的环境。因此,由于囫囵吞枣而导致的失败,责任在于我们自己。

正因如此,他人的建议首先要充分进行消化,必须根据自己情况充分进行探讨。为此,我们平时就要真诚地面对自己。

在接受他人的批评与提醒时,我们无需卑躬屈膝,也没有必要故作冷静把对方的意见当真,甚至认为"都是自己的错""责任都在我"。做人要有自信,即便自信来得毫无根据也好过卑躬屈膝,这样你才会走得更顺。自信的程度将决定人生的出路,这样说一点也不为过。所谓的成功人士指的就是相信自己的能力并不断努力提高自己能力的人。

在硅谷，人们都说"没有比惨败经历更酷更应该写进简历的事了"。他们认为，"没有失败过的人无法信任，经得起惨败证明这个人相当有实力，而且他们还能从失败中汲取非常宝贵的教训"。

比责备自己更重要的是明确自己的目标。如果你有强烈的目标意识，你就能做到沉着冷静。"我想做出成绩然后调去别的部门""我想早日升迁""我想实现自我发展然后辞去工作自己创业""我对晋升空间和待遇要求不高，只想过风平浪静稳定的生活""我想得到公司资助或者自己攒钱出国留学"……在社会生活中大家都会有各种各样的想法，只要你的意愿足够强烈，不愉快的经历与失败基本上都难不倒你。

# 最6章　跟自己较劲，别跟小人一般见识！

## 把花在网络上的空闲时间用来直面自我

### 成功人士为何不用SNS

因与小人较劲、在意旁人眼光等杂念而使得自己心理不正常，其责任在于你自己。没错，你应该较劲的对象不是小人也不是别的任何人，你应该和自己较劲，跟自己的观念较劲。正是你脑中预设的情节让你与人为敌，让你憎恶他人，也让你迷失自我。如果你有闲工夫与小人较劲，还不如和出此下策的自己较劲。为此,你首先要敢于面对自己。

只要确保有足够时间来直面自我,你就不会有空余时间去破坏自己的心情。当别人让你心生焦虑或是怒火中烧时,你需要静下心来与自己对话。当一个人迷失了自我就会变得过于在意旁人。你需要将关注点从别人身上转移到自己的内心深处。

与我关系亲近的创业人士,他们的 SNS 几乎从不上线。原因很简单。首先,他们没有时间去查看或发布消息。其次,他们不能轻易透露他们参加的活动以及掌握的信息,这些信息一旦透露出去只会让他们蒙受损失。再者,即便分享了消息,也只有关系亲密的真朋友可见。

你可以利用 SNS 来推销自己或者扩大自己公司的市场,但除此之外在 SNS 里陷得越深,进行独立思考、与良师益友面对面打交道、实现自我发展的机会就越少。如果把可以自由支配的时间用来查看无意义的发言只会徒增你的负面情绪。你会一味地去关注别人的动向,丧失积极主动性,甚至会产生莫名的跟踪狂情结,在自我厌恶中不断沉沦。

说到底，从许多 SNS 不收费这一点来看，对社会来说它们不会直接产生附加价值。虽然偶尔会有人能够将 SNS 中的某些东西变为可以产生价值的生意，但多数人完全是在 SNS 上浪费宝贵且有限的时间与精力。

刚有 SNS 的时候人们觉得很稀罕，在我看来有一定地位的人物也曾使用过。而如今他们事务繁忙，并且接触的都是无法轻易分享的信息，所以在 SNS 上基本见不到他们的踪影。其结果就是你无法尽情地与他们交流，付出的时间成本无从回收。因此，我最近也不怎么上线了。

在 SNS 的世界里什么人都有，有的观点值得学习。同时，网络上也有许多不满于现状的小人出没，所以在分享信息的时候一定要当心。

**为自己呐喊助威**

时间对每个人来说都是平等的，但如何支配时间决定了你将拥有怎样的人生。要想好好利用时间，你首先需要留出面对自我的时间。即使与别人商量，得出的结论也只会往你期望的方向倾斜。这样的话还不如弄明白自己为什么会这样想来得更快。

自己要有一套评判标准,这一点尤其重要。这是因为人生中的幸福指的就是"由衷的认同",而认同只有在事物达到了自己"最看重的评判标准"后才会产生。正因如此,你才需要直面自我,确认"达到什么标准自己才会认同"。

你的评判标准可以是金钱、地位、权力,也可以是对社会的贡献、对事实的追求,甚至可以是本书不提倡的正义至上观念。总之你需要坦诚地将自己的认同标准确定下来。

看似最懂而实际上最不懂的人就是"自己"。人生中没有比了解自己、积极掌控自己更重要的事。如果不了解自己,你就无法得到幸福。不要去听信占卜,无论有何种特异功能的占卜师你们相处的时间也就不过几分钟。将伴你走完一生的是你自己,你应该自己去理解自己,这样做更容易、更准确、更有意义。

## 你需要一个周围都是能干之人的环境!

人类是容易受环境影响的生物。大家都知道温水煮青蛙的道理。所以,你需要的是一个能够对自己起到鞭策作用的环境。我建议大家去充满刺激的、能够让你自然萌生上进心的团队,或是对自己来说门槛较高的团队。

如果每年能力提高10%,那么要实现能力翻番需要花费7年多的时间。平均算来如果22岁踏入社会,那么要到30岁左右才能实现能力翻番。如果每年能力提高25%,那么3年左右也就是大约25岁时就能实现能力翻番,到30岁左右你的能力则可以达到22岁时的6倍。因此,你需要一个能够得到成长的环境。如果置身于此种环境,你不会有时间跟小人较劲。

不管是公司还是学习会,谁都能去的话我建议你就不要去了。那些门槛高的地方,比如面试等选拔过程非常严格,或是必须要有人推荐才能进去,又或者是需要有某种资格证明、要通过考试才能进去的地方才是你应该去的。

为了进入这些地方,你需要了解必须做的事情然后精心准备。

我是在泡沫经济浪潮中进入公司的,当时只有世界上最聪明的人才能进入金融领域工作。而精英中的精英则集中在资本主义中最高级别的交易部门——企业并购即M&A部门。前文也有提及,当时的我只想进入这个部门,还曾与人事部长单独面谈,以背水一战的心态与其交涉。其后有为期一个月的新员工研修,在研修中有专人观察我的表现。因此我竭尽全力,不管是上课还是考试我都尽量让自己给人留下好印象。

在研修的最后一天,公司公布了大家的工作部门。这是自公司成立以来新员工人数最多的一次,在大家的喧哗声中,我的工作部门也公布了。

此后,我在公司最优秀的团队中得到了锻炼。据说美国大学的法学院聚集着比 MBA 更为优秀的人才,于是我定下了去美国留学的目标。通过公司的层层选拔,我最终得到了前往杜克大学法学院深造的机会。在那里,与经过严格选拔的学生进行交流使我不断进步。之后,我又去了耶鲁大学,与苏联引以为傲的宇宙物理学家等世界级聪明人一同学习经济学,这也让我得到了长足进步。

　　我立志成为政治家,从某种意义上来说也是为了认识更多比我能干的人。当然,这也是为了实现让日本朝着好方向发展的志向。但目标之间并非"鱼与熊掌"的关系,"二者可以得兼"。霞关与永田町①汇集了日本顶级的人才,当初是想在这样的环境中锻炼自己。在这里,身边都是霞关的高级官员以及永田町很会做人的实权人物,我也得到了不少磨练,学到了很多东西。另外,我还得到了不少机会与商界、演艺圈、体育界、学术文化界等各界的一流人才进行交流,他们带给我的激励也让我有了很大进步。

　　正因为向选举发起挑战胜利当选,而后进入了执政党内最大的派阀,我才积累了众多的宝贵经验。由于从政的经验尤其是在执政党以及政府的工作经验受到认可,我才能在耶鲁大学、哈佛大学以及兰德公司有一席之地,才能在新加坡国立大学担任教授一职。因为在这些地方认识

---

　　① 永田町,日本东京都千代田区南端的地方名。国会议事堂、国立国会图书馆、总理大臣官邸(日本首相府)、众议院议长官邸、参议院议长官邸、自民党总部、民主党总部、社会民主党总部所在地,日本国家政治的中枢地区。

了更多的世界上各种各样的优秀人才并与其切磋交流,我似乎走进了一个无限延展的新世界。如果当初没有立下宏远的目标,没有为了实现目标而不断努力不断调整,我不会有今天。有了这些经历,我可以自信地说我的观点千真万确——"身边都是比你优秀的人你才能得到成长""你应该与比你优秀的人较量"。

## 对自己的人生满意才是硬道理

AC米兰俱乐部球员本田圭佑、纽约扬基队投手田中将大都是敢于直面自我的人,他们不会被观众的评价所左右就是最好的证据。田中投手在与勇士队对阵的公开赛中投出了好球,观众们起立鼓掌时,他却说"对刚刚的投球并不满意,所以面对大家的称赞有点手足无措"。不管在比赛中表现多么出色,只要没有达到自己的要求就不会面露喜色。反之,不管媒体和观众如何贬低,只要自己认可自己就会满心喜悦。

只要能够直面自我,有自己的评判标准,你就不会受到他人评价与看法的影响,也不会因此而倍感压力。

自己的人生应该自己负责去创造,别人怎么想(当然如果别人对你的看法很好那再好不过)最终对你来说并不重要。当你走到人生尽头时反正是孤身一人,能够带走的也就只有自己心中的成就感了。总而言之,人生的意义就在于让自己满意。

然而,生活在现代社会,尤其是在非常在意旁人眼光的日本,人们过着一种被他人评价所左右的人生。人是容易受到周围人影响的生物,所以创造条件让自己周围都是能干的人非常重要。不过,你不能仅仅满足于这样的环境,你还需要有一套自己的标准来评判是否做到了让自己满意的程度。正因如此,你才需要坦率面对自己。

在直面自我时也需要灵魂出窍。如果不抽离自我来客观地看待自己,那么就无法实现自我对话。为此,你首先需要保证有独处的时间。如果总在人群当中,你便无法直面自我。即便是独处的时间,如果用来看电视玩手机,也不可能实现自我对话。

我在跟自己对话的时候,通常会选择出门散步或者慢跑。轻微的运动能让对话更容易,这是因为让人心情舒畅的疲劳能帮助我们排除杂念,也会让自己更容易袒露真实内心。即便你非常喜欢与家人在一起,你也必须保证要有独处的时间。同时你还必须远离电话、邮件以及电视。如此一来,你用来跑步、游泳的这些不受外界干扰的时间将变得十分宝贵。

另外,在去出差的火车与飞机上也可以进行自我对话。尤其是去国外出差时,在飞机上会浪费很多时间。部分航空公司的航班会向乘客提供 WiFi,不过通常情况下人们会从网络中被解放出来,于是便有了独处的时间。飞机座椅上有用来观看视频与玩游戏的屏幕,在没有显示的情况下它就变成了一面镜子,你可以看着屏幕来直面自己。和自己对话时能从镜子里看到自己是很好的,你可以通过自己的表情来确认自己的想法。

另外还有意想不到的好地方,那就是卫生间与浴室。只要不在里面呆太久给家人添麻烦,卫生间和浴室也能成为和自己对话的空间。在狭窄的空间里人更容易陷入自我沉思当中。

前文提到飞机座椅上的屏幕也能帮助自我对话,卫生间与浴室里的镜子能够起到相同的作用。自己对自己做出的表情会展露你内心真实的想法。

"你真的觉得现在这样就好了吗？"

"你真正想做的事是什么？"

"你心中最重要的东西是什么，你认为有价值的东西又是什么？"

"现在自己是否已经竭尽全力？"

"有没有懈怠？"

"真的喜欢这份工作吗？"

你可以问自己好多问题，还可以通过此时的表情来了解自己的内心。不管怎么逞强，只要不是发自内心的表情，你都无法直视。

另外，写日记也是一个好办法。虽然日记里面会有虚伪与逞强的成分存在，但按照时间顺序看过去的日记你将能看到真实的自己。只要按照顺序去看连贯记载的日记，你就能明白自己想做什么和不想做什么，也会清楚自己对各种事物的排序与倾向。

只要你坚持不懈，你就能够剔除其中逞强与虚荣等多余成分，逐渐明白自己是什么样的人、自己想做什么、在意的又是什么。

## 如何应对充满风险的人生?

**做好准备,对未来要有信心**

无论你身居日本还是国外,如今这个时代想要获得成功与安全已不再像获取水和空气那样简单了。即便是水和空气如今也不再免费。战后 70 年的日本,其现状从某种意义上来讲在日本历史以及世界历史中都是很特殊的。

输掉战争的日本原本需要在严峻的形势下从零开始,但由于对美国来说日本已不再构成威胁,反而出现了新的威胁,即共产主义的兴起,为了遏制其发展,美国给了日本巨大的发展机会。美国接手了日本国防,并对其经济复苏提供援助。美国与共产主义势力在朝鲜半岛交战,向日本下了大量军火订单,日本也因此实现了复兴。当然这其中也有日本人奋斗的功劳,总之日本从此走上了国富民安的道路。

但是,作为世界上最富有的国家之一,日本今后将面临老龄化、全球化、气候变化、科技进步、中国崛起、美国霸权衰落等前所未有的巨大变化。无论从经济、财政角度还是从地政学角度来看,新时代对日本来说形势都非常严峻。虽然日本是一个了不起的国家,但如今已不再是那个无需特别努力便可国富民安的时代了。

今后日本国内的社会保障负担将会加重,工作岗位将会减少,经济规模将会缩小。从地政学角度来看,美国将逐渐失去对亚洲的影响力,同时中国将进一步崛起,而且今后在朝鲜会发生些什么也无从知晓。从更加微观的层面来看,从事简单劳动的人将被IT、人工智能以及机器人所取代,即便是脑力劳动也会有一部分工作将由这些高科技产物来承担。

在变化如此剧烈的时代,我们有必要预先设想我们身边将发生何种事态,并且要做好准备未雨绸缪。未来不在过去的延长线上,这是事实。不喜欢变化将招致最大的风险,虽然变化也会伴随着风险,但一直保持现状才更危险。

**视危机为机遇**

今后的时代将发生人类史上前所未有的、错综复杂的巨大变化。时代的变化总伴随着下克上①的机会。平稳无变化的时代,受惠于以往时代的人其地位很容易稳固下来。以往时代的人生赢家与输家间的划分也会固定下来。如此一来对挑战者来说毫无机遇与公平可言,下克上的情况很难发生。然而,今后的时代变化则会将固定至今的地位"一笔勾销",一切将从零开始。

事实上,英国经济学人杂志推出的《2050年的世界》一书中就提到了"1956年至1981年'财富世界500强'榜单中每年平均替换24家企业,而从1982年至2006年则每年平均替换40家企业"。

另一方面,机遇与危机会结为一体接踵而至。将变化视为机遇还是危机这取决于你自己。根据想法不同它既可能成为机遇,也可能成为危机。或者说机遇与危机本来就是变化带来的合二为一的东西。

当你取得了一定成功时,情况发生了巨大变化,这可能会夺走你已取得的地位。但你如何看待这一切决定了变化对你来说是机遇还是危机。你会因为好不容易建立

---

① 下克上是日本古代历史现象,具体是指下级代替上级、分家篡夺主家、家臣消灭家主、农民驱逐武士等现象。

起来的地位将被夺走，所以认为变化是一种危机？还是会因为现有的地位归零使得自己可以从不同的视角去重新建立地位，所以认为变化是一种机遇？

反正变化是永不止息的，所以即便你取得了一定的成功也不要变得保守。如果不跟随变化的浪潮而是死守已取得的地位，你终将陷入绝境。面对无法避免的变化不要抗拒，而是要巧妙地利用变化的力量。不要执着于现有的地位，而是要做好不断改变自己的思想准备去应对变化。看待变化的方式可能会将危机转化为机遇。

最重要的是要比谁都更早注意到变化的征兆。当变化还是一个"点"的时候就注意到它的话，那么在变化进入两点连成"线"的阶段后，你就能够把握变化的动向。不过届时除你以外还有很多人也会注意到变化之线的延伸方向，因此你应该在变化还是一个点的时候就明察秋毫，并且要率先采取行动。

通常情况下策略需要差异化，但如今这个时代好的想法或信息很快就会传遍全球，我们只能在时间上做到差异化。为此我们需要时刻保持抢先别人三年时间的快速步伐。

## 为了充分利用有限的人生我所做的事

### 半途而逝的友人们

为了最大程度地利用有限的人生,我所做的事情是想象并理解人生的有限性,同时也去理解人生的稀缺性。虽然人们会信仰各种宗教,但我仍然认为人生仅此一次。即便存在轮回转世,我们也不会有真实感受。即便重获新生,也不会改变现世人生仅此一次的事实。

我们延续了祖先的血脉才有了现在的宝贵人生。祖先们克服了自然灾害、战争疾病,才将生命的接力棒交到了我们手中。

从更高远的角度来看,在起源于 137 亿光年前的广袤宇宙中,有着能够产生生命的环境(气温与重力等)的行星极其有限。即便奇迹般地有了生命,也要耗费数十亿年的时间才能进化为有人生意识的人类,要发展到这一步更是奇迹中的奇迹。

我们就处在这奇迹般的机缘巧合之中。医疗等科学技术不断发展,这将会让人类越来越长寿。即便如此,我们的人生也总有一天会画上句号。(我敬爱的未来学家雷·库兹韦尔认为"人有可能会获得永生",但真的会有这一天吗?)

我的年轻朋友与熟人中有人因疾病、事故等离开了人世。人生果然不讲道理,偏偏是这些踏实勤恳、处处为他人着想的人早早地离开了人世。这真的让人痛彻心扉,我不明白"为什么这些无比真诚的年轻人英年早逝,而那些无比自私、言行举止蛮不讲理的上了年纪的人却还活得生龙活虎"。

一些朋友有着崇高的理想,他们一心想要成为日本与世界的纽带,在与病魔作斗争的同时还不辞辛劳地工作。逐梦至半途却发现自己时日无多,那一刻他们将作何感受?单是想到这点都替他们惋惜。如今只要闭上眼,脑海里便能浮现出他们的音容笑貌。

这并非事不关己。我自己以及我珍惜的人也有可能在某个时刻因疾病或事故而离开人世。

我还不想死,为此,能做的事情我都愿意做。但是,为了提升自己的积极性,清楚认识人生的意义与应予以重视的人生目标,我会想象自己临终之时的情景。那一瞬间自己究竟会思考些什么?我能从人世间带走些什么?死后会变成什么样?只要你去思考这些事情,你就能看清对自己重要的东西。

想象自己临终时的情景能让你强烈地意识到人生的难能可贵以及一生中应该珍惜的事物。反之,如果你没有认识到人生是有限的,产生了时间用之不竭的错误观念,你将不会懂得人生的宝贵以及一生中应该珍惜什么。

尝试思考半途而逝的朋友们在临终的瞬间所想之事,你自然就会明白想做的事要趁现在,为了实现目标不管别人说什么你都要"充耳不闻"。与此同时,你也会明白无谓的要强与骄傲对人生没有任何意义。

**重视身体调节**

此小节将具体阐述我"为了充分利用人生做了哪些事"。要充分利用人生,首先就要时刻保持好的身体状态。只要做到了这一点,你就能够将单位时间、单位能耗的绩效最大化。要有意识地经常运动、注意营养的摄入与心态的调整。

我年轻的时候为了让形体更美观一直在做增肌训练。然而,不管多么美观的肉身也终将化作尘土,无法带离人世。躯体只是我们存世的道具,不要过分追求。想要表现出色,我们需要重视身体的调节。

现在我不再做增肌训练,而是做维持肌肉力量与肌肉率的训练。我还很重视伸展训练,伸展训练可以扩大身体的可动范围,让身体更耐伤痛,还可以让我们得到精神上的放松。伸展训练之后身体会产生适度疲劳感,这能让我们进入深度睡眠,提高我们的睡眠质量。

在饮食方面要注意饮食均衡,多吃应季食物,多关注食物的质而非量。无论是蔬菜还是鱼、肉类,都要尽可能地丰富摄入的种类,控制摄入的量。仔细咀嚼食物不仅能够增强饱腹感,还能减轻胃的负担改善流向脑部的血液循环。

调节身体还有延年益寿的功效。注重身体调节能够延长人的"健康寿命"。胜海舟①曾说过:"欲成大事,唯有

---

① 日本幕末明治时期的政治家,旧幕臣中的代表人物,开明派,幕府海军的创始人。

长寿。"成就大事业需要投入大量时间,因此长寿就是胜利。他还说过,"因果,寝而待之"。这句话的意思可以解读为,在健康长寿的前提下勤勤恳恳不懈努力,自然会有好结果。健康长寿才能充分利用仅此一次的宝贵人生。

**能让人生丰富多彩的习惯**

我们要珍惜与家人、朋友等共度的时光。他们是我们人生中的核心人物,对我们的人生来说非常重要。无论多么忙碌的人,只要减少对时间和精力的浪费都能空出很多时间去陪伴他们。与他们共度的时间才能让我们的人生真正丰富起来。虽然我在忙碌不堪的从政时期感觉自己过得很充实,但由于没能好好对待家人和朋友,也有一定的失落感。如今,在工作的时间之外,我能有充足的时间陪伴家人与朋友,我的人生也因此变得更加丰富多彩。

限制自己每天看电视、玩手机与平板电脑的时间,获取信息尽量从纸质印刷品而非电子屏幕获取。数码信息虽然快速便捷,但越是快速便捷越不容易消化吸收。报纸和书籍有纸张的触感,有厚度有重量,有褶皱有污渍,包含这些复合信息的纸媒才能让信息更易消化吸收。聚精会神做事情的时候就不要玩电脑、手机和平板了。

我们应该按照太阳的时刻表作息，做到早睡早起。夜晚容易让人产生消极情绪，所以晚上我会早睡，不去思考太多，第二天带着爽朗的心情迎接清晨，用积极的精神状态去面对一切。

只要认识到如奇迹般仅此一次的人生之有限之稀缺，理所当然，你便能通过调整状态获得力量。状态调整能在最大程度上帮助你充分利用宝贵的人生。

## 你的"目的"何在？

前文一直在提倡大家要直面自我，专注于自己想做和应做的事。然而读者当中或许有人找不到应该全力以赴去做的事情。

我不建议这样的人去苦苦找寻自己想做的事情，而是应该为眼前的事情努力奋斗。越是认为"没有比找到自己的理想更幸福的事了"，越不容易找到自己的理想。即便找到了自己想做的事情,你是否处在能够做好这件事的立场上也成问题。有理想,同时还有实现理想能力的人才是真正的幸福之人。

花样滑冰赛事中日本选手势头强劲,运动员浅田真央常说"能邂逅花样滑冰真是太美好了"。但是,即便发现自己喜欢滑冰,能够坚持下去的人也非常有限。索契冬奥会中夺得金牌的羽生结弦选手曾说过:"在整个日本东北地区就只有一座滑冰场,花样滑冰、冰壶、冰球等竞技项目都抢着用这个场地。"花样滑冰费钱费时,而且全国各地的滑冰场正一个接一个地歇业。即便你很有实力还有赞助商支持,但实力得不到发挥的话无论你多么喜欢花样滑冰你也无法坚持下去。

虽然许多运动员在采访中反复表示"由衷喜爱滑冰",但达到他们那种水平之后继续练习也会非常艰苦,甚至有可能会开始厌恶滑冰。

如体育运动员这般找到了自己理想的人或许很让人羡慕,但即便是喜爱棒球、足球或是花样滑冰并且成为该领域首屈一指的运动员也总会有无法再继续下去的一天。或许越是找到了想做的事情的人能够去做这件事的时间越是有限。他们可能会因为受了伤、上了年纪或拿不出成绩而被迫退役,也有可能遭遇继续干这行就养不活自己的情况。

而且,越是清楚自己理想的人,理想被夺走的时候失落感会越强烈。这种情况下他们就与不知道自己想干什么的人一样,不,他们会比那些人更苦恼,不知"今后该如何是好"。

正因如此,我才甚感去苦苦寻找想干的事情是在浪费时间和精力。你还不如从此刻起努力做好眼前的事。学习也好工作也罢,你都要尽量尝试专心致志地去做好眼前的事。去强求得不到的东西而变得对任何事物都无法全力以赴,这种状态是最浪费时间和精力的。本书多次强调,仅此一次的人生从宇宙层级来看就如奇迹般难能可贵,因此我们绝不能不珍惜宝贵的时间与精力。

总是认为"自己不应该是这个样子",于是不停地寻找,当回过神来才发现已经耗费了人生大量的宝贵时间,自己却仍然碌碌无为。这样的人生实在令人遗憾。光是能活在这个世上都是一种幸福,我们必须心存感激。与生物学家、物理学家见面,越讨论就越让我认识到我们的人生来之不易。宇宙大爆炸之后有了太阳系，在地球上生命得以繁衍，繁衍出的生命体进化为人类，这在茫茫宇宙之中是多么难得啊。

没有一个人的人生能让所有人都心生羡慕。我见过许多人们口中的成功人士，其中不乏有钱但不幸福、打从出生起就很有名因而无法拥有属于自己人生，以及全情投身于自己的喜好当中却导致家庭破裂茕茕孑立的人。

没有人能够得到想要的一切并且一直紧握于掌中。人生有起有伏，正因如此我们才会为之兴奋亦为之忧愁。经历过人生的起伏，你会变得更加成熟更有深度。如此宝贵的人生我们不能不去好好利用它。我们能够活在世上，就应该心怀感激并把握当下努力奋斗，这样你的路才会越走越宽阔。

我当时离开政界也是情非得已，但我控制住了懊恼的情绪以及对过去无法释怀的心情，让自己感恩人生并努力好好活下去。在此过程中，我结识了许多对我意义重大的人，也得到了许多在政界得不到的宝贵机会。

实际情况不一定与自己的计划完全一致，但只要竭尽全力认真生活，情况会比设想的更好。

奋力拼搏把握当下，你或许就能开拓出新的天地。另外,你或许会发现原以为不喜欢、不适合的东西实际上很喜欢,或者会渐渐产生好感。

现在我们眼前的事物都是自己连续选择的结果,现在的工作、现在的学校与专业都是这样。如此一来,情况便有可能是你潜意识地选择了自己喜欢的东西,也就是说很有可能眼前的事物就是你喜欢的东西。

与其去苦苦找寻自己想干的事,还不如踏踏实实做好眼前的事,这才是更聪明的活法。

人生的路充满未知数。获得2014年奥斯卡金像奖提名的9部电影中有6部根据真实故事改编。真实故事比小说更为奇妙。虽然人类有着无限的想象力,但人生为我们准备了超乎我们想象的故事情节。你与现在从事的这份工作之间也有着宝贵的缘分。不要意志消沉,勇敢面对挫折,带着感恩之心去奋力拼搏吧。

# 结　语

很遗憾，今后的时代对日本来说形势严峻。最大的问题就是人口减少。面对这一问题，日本会选择敞开移民的大门，还是会选择走上衰败的道路将纯血主义贯彻到底呢？无论选择哪一条路，日本都将不再是"如今我们讴歌的惬意的日本"。再加之科技发展、气候变化以及东亚地区地政学层面的不稳定，我们无法再像从前那般悠然自得。我写这本书就是希望通过它传递此种预期，并让尽可能多的人为此提前做准备。

不论生逢何时，你的人生都是上天赐予你的宝物。科学不断在证实，广袤的宇宙中生命得以诞生的几率微乎其微，而生命体要演化为能够意识到人生之宝贵的智慧生命，暂且不论生物的此种演化好与不好，那都是非常难得的。我们获得了宝贵的人生,这说明我们都是幸运的。我有着强烈的期望,期望大家能够有战略性地去规划宝贵的人生,充分利用人生去做有意义的事。

不要因为无谓的争斗而浪费了宝贵的人生。"加倍偿还"也好"复仇"也罢,每当这些词语流行起来,我就想奉劝大家一句不要去理睬会那样做的人。尽管那种在电视剧里见过的"颜艺"①演员的表情算是一种艺术,但在现实社会中那种反应过度的人一般成不了大器。

在细枝末节上情绪波动太大会给自己造成很大的压力,最终导致疾病的发生。而且,时喜时忧的人缺乏持久力。情绪波动过大会导致疲劳。情绪波动大的人缺乏安全感,所以他们很难得到他人的信任。说起来全都是弊端。要想踏踏实实地度过漫长的一生,你需要淡泊处世。淡然的同时还要用刁钻的眼光看世界,运用讽刺性思维有谋略地活下去。

大脑是越用越好的唯一脏器。其他的脏器都是越用

---

① 颜艺二字本身来源于日语,为「颜芸」。是指人物在某些情况下面部表情极度扭曲的样子。颜艺是指"表情(脸部)的艺术",通常用来表现角色夸张的表情变化。

越劳损，容易产生病灶。做人不要太单纯太直率，你应该采取讽刺、强硬的态度！遭人算计不要想着去报复，而是要让算计你的人心情愉悦，从而利用他来实现自己的目的。这才是真正的加倍偿还。

希望大家不要为小的争斗时喜时忧，而要为大局的胜利淡然地、有谋略地生活。我们要热爱自己的生活。如果去思考人生结束的瞬间，你会明白现在眼前的好事坏事都只不过是途径站点。做到"得志淡然，失意泰然"便足矣。

如果你能够从赞美人生并充分利用人生的观点出发，你就可以舍弃掉无谓的骄傲。

你应该思考的是如何才能主宰自己的一生。如果能够为己所用，别人的评价也是有意义的。但如果被这些评价或自己的骄傲情绪所左右，那就是本末倒置了。

在找到自己想做的事情之前，你只需要把握当下踏实努力地做出成绩即可。因为现在眼前的一切很有可能就是自己潜意识选择的自己想做的事情。你只要全情投入进去就可以明白很多事情。无需烦恼，无需刻意鼓劲，你需要做的就是"全情投入"。

然后，最重要的就是要认识到人生有很多不合理之处,或者说人生并不会如你所愿更为恰当。今后,前所未见的巨变进程将不断加快,世界可能会变得越来越不合理。不过,如果一开始就做好思想准备,你便能够从容应对。在此种不合理的环境中取得了成绩的人很有可能是在我们看不见的地方默默地付出了巨大努力。看到别人的成功或失败而忧虑或高兴毫无意义。你应该珍惜并充分利用自己宝贵的人生,要做到不以物喜,不以己悲,为人淡泊,不要因为一时愤怒而跟小人一般见识。

尽管文笔拙劣,但只要各位读者能领悟到我的想法,我将无比喜悦。

最后我想说的是,在我形成这些观点的过程中,有不少观点虽然写进了本书但仍缺少实践,尽管如此,我还是要向我的家人、本书中出现过的有真实姓名的恩人以及无法指名道姓却对我的人生启发良多的朋友们致以真挚的感谢。尽管我给他们添了很多麻烦,但他们仍然对我不离不弃,我衷心地感谢他们。